Colección <Gramática sistemática del español> 3
Sustantivos, adjetivos y determinantes

Hideki Terasaki

Editorial Daigakusyorin

<スペイン語文法シリーズ> 3

名詞・形容詞・限定詞

寺﨑　英樹　著

東京　大学書林　発行

ま え が き

　本書は「スペイン語文法シリーズ」第3巻で，名詞，形容詞および限定詞を取り扱っている．最初のⅠ章では文法の基本的な単位となる語，句，語類などについて説明し，Ⅱ章では名詞の性と数，名詞の種類，名詞句など，Ⅲ章では形容詞の用法，呼応，比較，形容詞句など，Ⅳ章では限定詞のうち定冠詞，不定冠詞，指示詞および所有詞を取り上げ，その特徴や用法，また無冠詞の問題も扱っている．これらの語類についてめぼしい基本的な事項はすべて取り上げているが，名詞と形容詞の語形変化については第2巻『語形変化・語形成』で扱っているので本書では必要最小限しか触れていない．

　この文法シリーズは基本的な文法事項を網羅した上で中級以上の学習者やスペイン語関係の教育あるいは実務に携わっている人にも参考となるような文法的知識を提供することを目的としている．記述対象とするのはスペインおよびイスパノアメリカ両地域の現代スペイン語である．使用する文法用語や文法の枠組みはなるべくアカデミア文法のものを尊重する方針であるが，それを全面的に受け入れているわけではない．ここで言うアカデミア文法とは王立スペイン学士院（RAE）とスペイン語学士院協会（ASALE）が連名で刊行している『新スペイン語文法』(2009) を指している．また，特定の文法理論に偏らず，一般言語学や対照言語学的な観点も取り入れながらできるだけ体系的にあくまでも日本語話者にとってわかりやすい記述を行うことを方針としている．

　本シリーズは第1巻『発音・文字』(2017)，ついで第2巻『語形変化・語形成』(2019) を刊行してからこの第3巻を刊行するまで実に5年も経ってしまった．筆者の個人的事情がその主な原因であるが，2020年から3年にわたる世界的疫病，コロナ禍にも少なからず影響を被った．すべての社会活動が停滞し，外出も自粛せざるを得ず，例えば大学図書館では部外者の利用が事実上できなくなるなどの支障もあった．ともあれ，刊行を待ってくださった読者と関係者の方々には多大なご迷惑をおかけしたことを深くお詫び申し上げたい．

2024年8月

著　者

目　　次

Ⅰ．文法および文法単位 ………………………………………………… 1

1．文法とその部門 ……………………………………………………… 2

2．文法単位 ……………………………………………………………… 3

  2.1. 音韻論の単位 ……………………………………………………… 3

  2.2. 形態・統語論の単位 ……………………………………………… 4

  2.3. 接語句 ……………………………………………………………… 4

3．語の分類 ……………………………………………………………… 5

  3.1. 語類 ………………………………………………………………… 5

    3.1.1. スペイン語の語類 …………………………………………… 5

    3.1.2. 横断的語類 …………………………………………………… 6

  3.2. 可変語と不変化語 ………………………………………………… 6

  3.3. 自立語と付属語 …………………………………………………… 6

  3.4. 実質語と機能語 …………………………………………………… 7

4．語類の文法的機能と特徴 …………………………………………… 9

5．句とその種類 ………………………………………………………… 11

6．語連接 ………………………………………………………………… 13

  6.1. 語連接の特徴 ……………………………………………………… 13

  6.2. 語連接の種類 ……………………………………………………… 14

    A. 名詞連接 …………… 14　　B. 形容詞連接 …………… 15

    C. 副詞連接 …………… 15　　D. 動詞連接 …………… 17

    E. 前置詞連接 …………… 17　　F. 接続詞連接 …………… 18

7．慣用表現 ……………………………………………………………… 20

Ⅱ．名詞および名詞句 …………………………………………………… 21

8．名詞の特徴 …………………………………………………………… 22

  8.1. 名詞の機能と文法範疇 …………………………………………… 22

  8.2. 名詞の語形変化 …………………………………………………… 22

9．名詞の性 ……………………………………………………………… 23

  9.1. 性の範疇 …………………………………………………………… 23

  9.2. 中性 ………………………………………………………………… 24

まえがき

9.3. 性の機能 ·· 25
　　＜参考１＞　性の起源と本質 ·· 26
9.4. 性と名詞語尾 ·· 27
　　A. 語尾が -o / -a で終わる名詞 ···································· 27
　　B. 女性名詞を形成する接尾辞または語尾 ······················ 28
　　C. 男性名詞を形成する接尾辞 ······································ 28
　　D. 強勢のある母音で終わる名詞 ·································· 29
　　E. その他の母音で終わる名詞 ······································ 29
　　F. 子音で終わる名詞 ·· 30
9.5. 性共通名詞 ·· 30
　9.5.1. 性共通名詞の形態 ·· 30
　　A. 特有の接尾辞を持つ名詞 ·· 31
　　B. 人を表す動詞名詞複合語 ·· 32
　　C. 形容詞から転用された名詞 ······································ 32
　9.5.2. 職業・職種を表す性共通名詞 ·································· 33
　　A. 職業・専門職を表す名詞 ·· 33
　　B. 軍人を表す名詞 ··············· 33　　C. 楽器奏者を表す名詞 ··········· 34
9.6. 両性通用名詞 ·· 34
　　A. 動物を表す両性通用名詞 ·· 35
　　B. 人を表す両性通用名詞 ·· 35
9.7. 女性名詞の派生 ·· 36
9.8 性に関する包括語法 ·· 37
9.9. 性の異なる多義語 ·· 39
9.10. 性不定名詞 ·· 40
　　A. 性が固定化する傾向のある名詞 ································ 40
　　B. 現在でも性不定の名詞 ·· 41
　　C. 地域的な性の変異 ·· 42
9.11. 外来語の性 ·· 43
9.12. 固有名詞の性 ·· 44
　　A. 有生物の固有名詞 ··········· 44　　B. 無生物の固有名詞 ············· 44
　　＜参考２＞　印欧諸語の性 ·· 46
10. 名詞の数 ·· 47

— iii —

10.1. 数の範疇とその機能 ……………………………………… 47

10.2. 可算名詞と不可算名詞 ………………………………… 47

10.3. 複数常用名詞 …………………………………………… 49

10.4. 二重の物および対の人・物を表す複数 ………………… 50

  A. 二重物体名詞 …………… 50 B. 対を表す名詞 ………………… 50

  ＜参考３＞ 世界的に見た性と数 …………………… 51

11. 名詞の種類 ………………………………………………… 53

11.1. 普通名詞と固有名詞 …………………………………… 53

11.2. 個体名詞と集合名詞 …………………………………… 53

11.3. 具体名詞と抽象名詞 …………………………………… 54

11.4. 有生名詞と無生名詞 …………………………………… 55

12. 固有名詞および固有名 …………………………………… 56

12.1. 固有名詞および固有名の種類 ………………………… 56

  A. 人名 ……………………… 56 B. 地名 ………………………… 56

  C. 組織・団体名 …………… 58

12.2. スペイン語の人名の構成 ……………………………… 59

13. 名詞句 ……………………………………………………… 61

13.1. 名詞句の構成 …………………………………………… 61

  A. 名詞前の修飾語 ………… 61 B. 名詞後の補語と修飾語 …… 61

13.2. 名詞の補語 ……………………………………………… 62

13.3. 同格 ……………………………………………………… 63

  A. 限定的同格 ……………… 64 B. 間接同格 …………………… 64

  C. 説明的同格 ……………… 66

Ⅲ. 形容詞および形容詞句 …………………………………… 67

14. 形容詞の特徴 ……………………………………………… 68

14.1. 形容詞の機能と文法範疇 ……………………………… 68

14.2. 形容詞の語形変化 ……………………………………… 68

15. 形容詞の用法 ……………………………………………… 70

16. 形容詞の呼応 ……………………………………………… 72

  A. 名詞修飾語となる場合 ‥ 72 B. 属詞となる場合 ………………… 73

  C. 叙述補語となる場合 ……… 75

  ＜参考４＞ 日本語とスペイン語の形容詞 ……………… 75

まえがき

17. 形容詞の種類 ･･ 77
17.1. 広義の品質形容詞と限定形容詞 ･･････････････････････ 77
17.2. 品質形容詞と関連形容詞 ･･･････････････････････････････ 77
17.2.1. 品質形容詞と関連形容詞の機能 ･･････････････ 77
17.2.2. 品質形容詞と関連形容詞の形態 ･･････････････ 78
17.2.3. 品質形容詞と関連形容詞の統語的特徴 ･･････ 79
17.2.4. 位置により意味の変わる品質形容詞 ･････････ 80
17.3. 制限形容詞と非制限形容詞 ･････････････････････････ 80
17.4. 特徴形容詞と状態形容詞 ･･･････････････････････････ 82
17.5. 記述形容詞 ･･ 83
17.6. 副詞的形容詞 ･･･ 83

18. 数量詞・限定詞・代名詞的な形容詞 ･････････････････ 85
18.1. 数量詞的形容詞 ･････････････････････････････････････ 85
18.2. 限定詞的形容詞 ･････････････････････････････････････ 85

19. 形容詞の比較 ･･･ 87
19.1. 比較とは ･･ 87
19.2. 比較級および最上級 ･･･････････････････････････････ 87
19.3. 融合的比較級 ･･･ 88
19.3.1. 融合的比較級の形式 ･････････････････････････ 88
19.3.2. 融合的比較級の用法 ･････････････････････････ 89
19.4. 絶対最上級 ･･ 89
19.5. 比較の表現 ･･ 90
19.5.1. 比較級構造 ･････････････････････････････････････ 90
19.5.2. 最上級構造 ･････････････････････････････････････ 92
19.5.3. 同等比較の構造 ･･･････････････････････････････ 93
＜参考５＞ 形容詞の位置 ･･･････････････････････ 94

20. 形容詞句 ･･･ 96
A. 形容詞前の修飾語 ･･･････ 96 　B. 形容詞後の修飾語 ･･･････ 96
C. 形容詞後の補語および付加語 ･････････････････････ 96

21. 名詞句内の形容詞の位置 ･････････････････････････････････ 99

22. 形容詞の名詞化 ･･･ 100
A. 文脈上の名詞化 ･･･････ 100 　B. 語彙的な名詞化 ･･･････ 100

— v —

まえがき

23. 形容詞相当句	102
Ⅳ. 限定詞	103
24. 限定詞の特徴	104
24.1. 限定詞とは	104
24.2. 限定詞の機能と種類	104
24.3. 限定詞と形容詞の相違	105
25. 冠詞	107
25.1. 定と不定	107
25.2. 特定と非特定	108
25.3. 冠詞の種類と定性	108
25.4. 冠詞の位置および呼応	110
25.4.1. 冠詞の位置	110
25.4.2. 冠詞の呼応	111
＜参考６＞　印欧諸語の冠詞	112
26. 定冠詞	114
26.1. 定冠詞の形式	114
26.2. 定冠詞の女性形	114
26.3. 前置詞と定冠詞の縮約形	116
26.4. 定冠詞と他の限定詞との共起	117
26.5. 定冠詞の機能と用法	118
26.5.1. 定冠詞の機能	118
26.5.2. 定冠詞の指示的用法	118
A. 文脈による照応 119　　B. 外界照応	120
C. 共有知識による照応 121	
26.5.3. 所有の用法	121
26.5.4. 総称的用法	122
26.5.5. 名詞化用法	123
26.5.6. 指示代名詞的用法	124
26.6. 固有名と定冠詞	124
26.6.1. 定冠詞が付く地名	124
A. かならず定冠詞が付く地名	125
B. 定冠詞が省略可能な地名	126

26.6.2. 限定された地名に付く定冠詞 ······ 127

26.6.3. 人名に付く定冠詞 ······ 127

26.7. 時の表現と定冠詞 ······ 129

    A. 時間単位と定冠詞 ······ 129　　B. 日付表現と定冠詞 ······ 131

26.8. 中性定冠詞 lo ······ 132

    A. 指示的用法 ······ 132　　B. 強意用法 ······ 134

    C. 慣用表現 ······ 134

26.9. 定冠詞の後の名詞句の省略 ······ 135

    ＜参考7＞ 冠詞を持つ言語と持たない言語 ······ 136

27. 不定冠詞 ······ 137

27.1. 不定冠詞の形式 ······ 137

27.2. 不定冠詞の女性形 ······ 137

27.3. 不定冠詞と他の限定詞との共起 ······ 138

27.4. 不定冠詞の機能と用法 ······ 139

27.4.1. 不定冠詞の機能 ······ 139

27.4.2. 指示的用法 ······ 139

27.4.3. 総称的用法 ······ 142

27.4.4. 数詞的用法 ······ 143

27.4.5. 名詞化用法 ······ 144

27.5. 不定冠詞複数形の用法 ······ 145

    A. 1対のものを表す場合 ··· 145　　B. 少数の集合を表す場合 ···· 146

    C. 概数を表す場合 ······ 147

27.6. 不定冠詞の後の名詞の省略 ······ 147

    ＜参考8＞ 冠詞は名詞の前か後か ······ 148

28. 無冠詞 ······ 149

28.1. 無冠詞となる名詞句 ······ 149

    A. 可算名詞の複数形 ······ 149　　B. 不可算名詞の単数形 ······ 149

    C. 可算名詞の単数形 ······ 150

28.2. 文の統語機能から見た無冠詞名詞句 ······ 150

    A. 動詞前の主語 ······ 151　　B. 動詞後の主語 ······ 153

    C. 属詞 ······ 153　　D. 直接補語 ······ 155

    E. 動詞相当句 ······ 155　　F. 直接補語の叙述補語 ······ 156

G. 前置詞句補語	157	H. 間接補語	157
I. 付加語	158	J. 名詞の修飾語	159
K. 呼びかけ	160		

29. 指示詞 161

29.1. 直示 161

29.2. 指示詞の体系と機能 162

29.2.1. 指示詞の体系 162

29.2.2. 指示詞の機能 162

29.3. 指示形容詞の語形変化 163

29.4. 指示形容詞の位置 164

29.5. 指示形容詞と他の限定詞との共起制限 165

29.6. 中性指示代名詞 165

29.7. 3系列の指示詞の区別 167

29.8. 指示詞と定冠詞の相違 168

　　＜参考9＞　ロマンス語の指示詞体系 170

30. 所有詞 172

30.1. 所有詞の特徴と形式 172

30.2. 所有詞無前置形の用法と統語的特徴 174

30.3. 所有詞後置形の用法と統語的特徴 175

　　A. 後置形の用法 .... 175　　B. 後置形の統語的特徴 176

30.4. 所有詞後置形と前置形の競合 177

30.5. 場所の副詞と所有詞後置形 178

30.6. 所有詞と de 前置詞句 178

30.7. 所有詞と定冠詞の交替 179

参考文献 182

用語索引 184

I．文法および文法単位

1．文法とその部門

　文法は語および語が結合して作るより大きな単位の構造およびそこで働く規則を研究する言語学の分野である．文法の記述は言語をいくつかの分野に切り離して分析することから始まる．音声学 (fonética) は言語で用いられる音声，つまり言語音の物理的特性について分析し，記述を行う．これに対し，音韻論 (fonología) は言語音がその言語において果たす機能や体系を研究する．形態論 (morfología) は言語の基本単位である語の内部構造や語形変化，語の形成を研究する．統語論 (sintaxis) は語がどのように結合してより上位の単位を作り，究極的には文を構成するか，つまり文の構造や機能を取り扱う．狭い意味での文法は，これらの中で特に形態論と統語論を指すこともある．

　言語学には文法と密接な関係を持つ隣接分野がある．意味論 (semántica) は語や文の意味を研究する．特に語の意味や体系を研究する分野は語彙論 (lexicología) と呼ばれる．語用論 (pragmática) は言語表現がその話し手と聞き手の間，文脈や場面においてどのように機能するかを研究する．統語論が文を最大の単位として研究するのに対し，談話分析 (análisis del discurso) は文が集まってできたより大きいコミュニケーションの単位，談話を研究する．談話分析がコミュニケーションの具体的行為とその産物を含めて広く考察するのに対して行為の産物である口頭および文書のテキストに焦点を当てる研究としてテキスト言語学 (lingüística del texto) がある．欧州を中心に発展してきたが，両者には重複する部分が多い．

2．文法単位

2.1．音韻論の単位

　言語音の機能や体系を扱う音韻論では次のような文法単位（unidad gramatical）が用いられる（詳細は本シリーズ第1巻I参照）．

1）音素（fonema）—— 音韻論で扱う最小の機能的単位である．音素はさらにそれを特徴づける弁別素性（rasgo distintivo）に分析することができる．

2）音節（sílaba）—— スペイン語では母音を中心にまとまった音素の結合であり，話者が発音できる最小の単位である．

3）韻脚（pie métrico）—— 強勢音節と無強勢音節の組み合わせで，スペイン語のリズムを作り出す．

4）アクセント群（grupo acentual）—— 1つの語アクセントを中心にしてまとまった音節の結合で，1語以上で構成される．後述の自立語の場合は1語で1つのアクセント群を構成するが，接語を含む場合は2語以上で1アクセント群が構成される．

5）音群（grupo fónico）—— アクセント群が集まって構成される語のまとまりである．スペイン語では8音節前後で1音群が構成されるのが普通とされる．1つの音群には一定の音調（entonación），つまり音の高さの変動が重なる．この側面から見ると，音群は音調群（grupo de entonación），またはメロディー単位（unidad melódica）を構成していることになる．短い文は音調群1つで構成されることもあるが，長い文は2つ以上の音調群で構成される．音調群でもっとも重要なのは最後に現れる強勢音節，つまり核とその後の尾部で，その部分に現れる抑揚を音調素（tonema）と言う．

—3—

2.2. 形態・統語論の単位

　狭い意味での文法，つまり形態論と統合論で用いられる基本的な文法単位としては次のようなものがある（語と形態素については本シリーズ第2巻Ⅰ.1参照）．

　1）形態素（morfema）―― 語を分析することによって得られる形態論の最小の単位である．

　2）語（palabra）―― 形態論の最大単位で形態素から構成される．一方，語は統語論の最小単位であり，結合して上位の統語的単位を構成する．

　3）句（sintagma, grupo sintáctico）―― 語が結合してできる語より上位で，節または文より下位の統語的単位である．

　4）節（cláusula）―― 文の構成素であり，1つの述語とそれに従属する1つ以上の成分から成る．

　5）文（oración）―― 統語論の最大単位である．文は独自のまとまった意味を表し，その前後には音声的な休止がある．1つの節で構成される場合と2つ以上の節から構成される場合がある．

2.3. 接語句

　統語的な句と語の中間に位置づけられる文法単位として接語句がある．接語句（grupo clítico）は接語と自立語で構成される語の連鎖で，音韻的には接語句全体で1つのアクセント群を構成する：la mano（その手）．mi casa（我が家），dártelo（君にそれを言うこと）．接語句はアカデミア文法にはない概念・用語である．接語については後述するが，本シリーズ第2巻（§1.5.2, 1.6）も参照．統語的に見ると，接語句は句または句の一部を構成する．

3．語の分類

3.1. 語類

3.1.1. スペイン語の語類

　語類（clase de palabras）とは語を形態的および統語的な特徴によって分類したものであり，語彙範疇（categoría léxica）とも言う．伝統文法で品詞（parte del discurso）と呼ばれるものに相当する．スペイン語では次のような語類を設定することができる．いくつかの実例とともに示す．

1) 名詞（nombre, sustantivo）：casa, hombre, mujer, pan, tiempo
2) 形容詞（adjetivo）：bueno, claro, difícil, grande, interesante
3) 代名詞（pronombre）──次のように下位分類される．
　　　人称代名詞（pronombre personal）：yo, tú, él, ella, nosotros
　　　再帰代名詞（pronombre reflejo）：se
　　　疑問詞（interrogativo）：qué, quién, cuál, cuándo, dónde
　　　関係詞（relativo）：que, el que, quien, cuanto, cuyo
4) 限定詞（determinante）──次のように下位分類される．
　　　冠詞（artículo）：el, un
　　　指示詞（demostrativo）：este, ese, aquel
　　　所有詞（posesivo）：mi, tu, suyo
　　　数量詞（cuantificador）：alguno, ninguno, mucho, poco, bastante
　　　数詞（numeral）：uno, dos, tres, ciento, mil
5) 動詞（verbo）：ser, estar, hablar, comer, decir
6) 副詞（adverbio）：ahora, aquí, ayer, bien, perfectamente
7) 前置詞（preposición）：a, con, de, en, entre
8) 接続詞（conjunción）：aunque, como, mientras, porque, pues
9) 間投詞（interjección）：ay, caramba, eh, hola, oh

3.1.2. 横断的語類

語類の境界は必ずしも明確に分けられるわけではない．特に，代名詞，限定詞，形容詞の境界は専門家によって意見が分かれることがある．また，ある語類を統語的または意味的基準で見ると，いくつかの語類と交差する特徴を示す場合がある．限定詞の下位分類にある指示詞，例えば esta は "esta es mi casa"（これは私の家だ）のような場合は（指示）代名詞として機能しているし，"esta casa"（この家）のような場合は（指示）形容詞として機能している．一般に指示詞は代名詞としても形容詞としても機能するものが多い．所有詞も同様で，（所有）代名詞（el mío 私のもの）としても（所有）形容詞（mi familia 私の家族）としても機能する．このようにいくつかの語類と交差して機能するものを横断的語類（clase transversal）と呼ぶ．特に，代名詞と限定詞の下位語類はこれに当てはまる場合が多い．上記の表で指示詞や所有詞とともに限定詞の下位にある数量詞は代名詞（例えば，alguien, algo, nada），形容詞（alguno, ninguno, mucho），副詞（mucho, poco, bastante）と交差する．また，代名詞の下位にある疑問詞は代名詞（qué, quién, cuál），形容詞（qué, cuántos），副詞（cuándo, dónde, cómo）と交差する．関係詞も同様である．

3.2. 可変語と不変化語

形態論的に見ると，語には語形変化をする可変語（palabra variable）と変化をしない不変化語（palabra invariable）がある．スペイン語の可変語と不変化語にはそれぞれ次のような語類が属する．

　1）可変語 ── 動詞，名詞，形容詞，代名詞，限定詞
　2）不変化語 ── 副詞，前置詞，接続詞，間投詞

3.3. 自立語と付属語

形態・統語論的な特徴から語は自立語と付属語に分けることができる（この区別については本シリーズ第2巻（§1.5.2）参照）．自立語（palabra independiente）は単独で発話を構成できる語である．これに対し付属語（palabra dependiente）は単独では発話に現れず，必ず自立語と共起して発話を構成する．

スペイン語の語類を見ると，次のように分類されるが，代名詞と限定詞は

自立語形式と付属語形式に分かれる.

1）自立語 —— 動詞, 名詞, 形容詞, 人称代名詞強勢形, 疑問詞, 不定冠詞, 指示詞, 所有詞後置形, 数量詞, 数詞, 副詞, 間投詞

2）付属語 —— 人称代名詞・再帰代名詞無強勢形, 再帰代名詞強勢形, 関係詞, 定冠詞, 不定冠詞, 所有形容詞前置形, 前置詞, 接続詞

　音韻論的に見ると, 自立語と付属語の区分は強勢語と無強勢語の区分と一致するものがほとんどである. 孤立した語を取り出して発話する場合は別として, いくつかの語で構成される句や文の場合, 音韻的に見ると, すべての語が等しく強勢を持って発話されるわけではない. 発話の中で一般に強勢を持つ語を強勢語（palabra acentuada）, 持たないものを無強勢語（palabra inacentuada）と呼ぶ. 自立語は強勢語であるのに対し, 付属語は無強勢語であることが多い. 付属語の中でその大部分を占める無強勢語を特に接語（clítico）と呼ぶことにする. 接語に該当するのは再帰代名詞強勢形と不定冠詞を除く付属語である. ただし, 同じ語類の中でも例外が見られることがある. 例えば, 敬称表現や慣用句の中では名詞が無強勢語として実現することがある：*señor* González（ゴンサレスさん）/ *cuesta* arriba（坂を上って）. また, 関係代名詞は一般に無強勢語であるが, el cual は例外的に強勢語である. 通常は無強勢語である前置詞や接続詞も時には強調のため強勢語となることがある.

3.4. 実質語と機能語

　意味的に見ると, 語の中にはそれ自体が実質的な語彙的情報を持っているものがある一方で語と語との文法的関係や人称・数などの文法範疇を示すなど文法的情報を担うものがある. 前者を実質語（palabra léxica）, 後者を機能語（palabra funcional）と言う. 実質語と機能語にはそれぞれ次のような語類が属する.

1）実質語 —— 動詞, 名詞, 形容詞, 副詞, 間投詞

2）機能語 —— 代名詞, 限定詞, 前置詞, 接続詞

　語類は, 新しい語がメンバーとして加わる可能性があるかどうかという観点から見て開いた語類（clase abierta）と閉じた語類（clase cerrada）に分けることができる. 開いた語類には非常に多数の語彙が含まれ, 常に新しい語彙が増える可能性がある. この種類に属するのは実質語の語類であり, 主に辞

Ⅰ. 文法および文法単位

書で記述される対象となる．それと反対に閉じた語類は，そのメンバーの語数が比較的少なくて，新しい語が増える可能性はほとんどない．ただし，非常に長い歴史的な期間をとれば，語の増加や消失，入れ替わりが起きることがある．閉じた語類に属するのは機能語であり，主に文法で記述される対象となる．

　通常，実質語はすべて強勢語である．一方，機能語は強勢語になるものと無強勢語になるものがある．機能語のうち前記の自立語に属するものは強勢語，接語に属するものは無強勢語である．

4．語類の文法的機能と特徴

　可変語・不変化語，実質語・機能語の区別に加え，それぞれの語類に関わる文法範疇およびそれが文中で果たす機能のような文法的特徴から語類を観察すると，おおむね次のようにまとめることができる．△印はどちらもあることを示す．

　限定詞は定名詞句を構成するか否かという観点から定限定詞と不定限定詞に二分することができる（限定詞の種類については§24.2参照）．

　この巻で取り上げる語類は名詞，形容詞および限定詞の中の冠詞（定冠詞・不定冠詞）・指示詞・所有詞（前置形・後置形）である．数量詞は扱わない（数量詞は本シリーズ第5巻で取り上げる）．

Ⅰ. 文法および文法単位

	可変語	自立語	形態・統語的特徴および文法的機能
名詞	○	○	性・数の文法範疇を持ち，数により語形変化する．名詞句を構成し，文の要素である主語や補語となり，また前置詞の被支配語となる．
形容詞	○	○	性・数の文法範疇を持ち，統語関係のある名詞の性・数に呼応して語形変化する．形容詞句を構成し，名詞の修飾語となり，また文の属詞となる．
代名詞	○	△	人称代名詞は人称・数・性・格の文法範疇を持ち，語形変化する．疑問代名詞・関係代名詞は性・数により語形変化するものがある．名詞句を構成し，文の主語や補語となる．指示機能を持ち，名詞の代わりに用いられる．
限定詞	○	△	性・数の文法範疇を持ち，語形変化するものが多い．名詞句の中で名詞の修飾語となり，一部はそれ自体で名詞句を構成する．指示機能を持ち，名詞を限定する．
動詞	○	○	法・時制・人称・数の文法範疇を持ち，語形変化する．動詞句を構成し，文の述語となる．
副詞	×	○	副詞句を構成し，動詞，形容詞や他の副詞の修飾語となり，また文の付加語となる．
前置詞	×	×	前置詞句を構成する．前置詞の後に置かれる被支配語は通常，名詞であり，その名詞と他の語との統語関係を示す．
接続詞	×	×	語と語，句と句または文と文とを結合し，その統語関係を示す．
間投詞	×	○	他の語とは統語的には関係なく，孤立して現れ，それだけで文を構成することも可能である．驚き・怒りなどの感情や聞き手に対する訴求を示す．

5．句とその種類

　文は語から成り立っているが，語が直接文を構成するのではなく，語がいくつか連鎖して語群または連辞 (sintagma) を作り，それがさらに連鎖してより大きなが連辞を作り，最終的に最大の連辞である文が構成されると考えられる．つまり文は階層構造をなしている．文と語の中間の階層に位置する連辞を句 (grupo sintáctico) と呼ぶ．句にはその句の構造の中心となる中核があり，主要部 (núcleo) と呼ばれる．主要部は句全体の統語的・意味的特徴を決定し，句全体に統語的単位としてのまとまりをもたせる要素である．主要部の周囲にはその他の構成素が集まって句を構成するが，主要部以外の構成素を付属部 (adyacente) と呼ぶ．主要部に付属部が加わることを拡張 (expansión) と言う．

　句はその主要部となる語が属する語彙範疇，つまり語類に従って次の5種類に分けることができる．

1）動詞句 (grupo verbal)：La última predicción de Einstein *puede estar a punto de confirmarse.* アインシュタインの最後の予言は確証されようとしているのかもしれない．

2）名詞句 (grupo nominal)：Desapareció *el segundo lago más grande de Bolivia.* ボリビアで2番目に大きい湖が消滅した．

3）形容詞句 (grupo adjetival)：El profesor es *amable con los alumnos.* その先生は生徒たちに親切だ．

4）副詞句 (grupo adverbial)：Habla *un poco más despacio.* もう少しゆっくり話してくれ．

5）前置詞句 (grupo preposicional)：La madre trabaja duro *para criar a su hijo.* 母親は息子を育てるため懸命に働いている．

　なお，名詞句には代名詞を主要部とする場合も含まれる．句には必ず主要部があり，それがなければ成り立たないが，付属部は欠けていてもよい．つまり，句は主要部だけで構成される場合もある．唯一の例外は前置詞句であり，前置詞句にはかならず前置詞とともにそれに支配される付属部の被支配

Ⅰ．文法および文法単位

語 (término) がなければならない．スペイン語の文の構造では一般に主要部が先行し，付属部が後続するのが原則であるが，一部の付属部は主要部の前に置かれることもある．

　名詞句は句全体がその主要部と同じ名詞の文法的機能を果たす．このように主要部と句全体が同じ文法的機能を持つ構造を内心構造 (construcción endocéntrica) と呼ぶ．形容詞句，副詞句，動詞句も内心構造である．これに対し，前置詞句は主要部と同じ前置詞の機能を持つわけではない．このように主要部と連辞全体の文法的機能が一致しない構造，あるいは主要部を特に持たないような構造を外心構造 (construcción exocéntrica) と呼ぶ．ただし，文法家によっては主要部を持つものを内心構造，持たないものを外心構造と分けることもあり，それに従えば前置詞句も内心構造ということになる (RAE, 2019: 120 はこの立場をとっている)．語のレベルでも複合語では内心構造と外心構造が区別できる (詳細は本シリーズ第 2 巻 §10.1 を参照)．

— 12 —

6．語連接

6.1．語連接の特徴

　2つ以上の語が連鎖して連辞を作っている点では句と同じ構成であるが，それが語と同様に1つの語彙的単位として機能しているものを語連接（complejo léxico）と呼ぶことにする．すなわち，語連接とは2つ以上の語の連鎖で，固定化された慣用的な語彙的単位としてふるまう（本シリーズ第2巻 §11 を参照．ただし名詞連接のみを取り上げている）．例えば，arco iris（虹），agua dulce（淡水，mala hierba（雑草），barco de carga（貨物船），máquina de coser（ミシン）など．語連接は RAE（2019）が複合的語彙単位（unidad léxica compleja）と名付けたものと重なるが，この用語の適用範囲はここで言う語連接よりも広い．語連接は本書独自の用語であるが，音韻論の用語，連接（juntura，英 *juncture*）とは関係がない．complejo を「複合」と訳すと，どうしても複合語と紛らわしいので避けることにする．統語的複合語（compuesto sintagmático）とも呼ばれるが，形態・統語的に見ると，1語とは言えないので複合語と呼ぶのは適当ではない．

　語連接はアカデミア文法に存在しない用語であるが，RAE（2009: 1.10）が慣用句（locución）と呼ぶ概念と重なる．しかし，RAE が慣用句を認定する重要な基準は意味が合成的であるか否かという意味的基準，つまり意味論で言う合成性（composicionalidad）の原理に基づいている．すなわち，この単位の意味がそれを構成する語を合成しても得られないもの，意味的に不透明なものを慣用句とする．これに対し，ここで言う語連接は合成性のような意味の問題は基準としない．RAE が言う慣用句の多くは語連接に該当するが，そこから外れるものもある．例えば，名詞慣用句とされている toma y daca（持ちつ持たれつ），形容詞慣用句とされる corriente y moliente（何の変哲もない）のような等位構造は語連接に含まれない．一方，前置詞慣用句とされる a falta de（…がないので），en función de（…に応じて），gracias a（…の

おかげで）や接続詞慣用句とされる de manera que（だから, …するように），puesto que（…だから），si bien（ただし）などは語連接と認めてよいが，これらはそれほど意味の不透明性が強いとは言えないだろう．

語連接は語彙的な結束性の強い単位であり，その認定基準は語の認定基準に準じる．しかし，語連接は2語以上の連鎖なので，アクセント的単一性など語の音韻的特徴とされるものは適用できない（第2巻，§1.5.1 参照）．語連鎖は次のような統語的特徴を持つ．

1）構成素の固定性 —— 語連接を構成する構成素，つまり語の順序は固定して位置を変えることはできない．ただし，構成素が接語代名詞の場合は統語規則に従い，定められた位置に移動する．名詞連接では先頭の位置にある構成素が主要部，残りが付属部となるのが普通である．

2）構成素の不可分性 —— 構成素を分離して，その間に別の語を挿入することはできない．

3）構成素の非自立性 —— 構成素の一部だけを修飾または補足したり，代名詞化したりすることはできない．

意味的には単一の個体や行為・状態，統語関係など単語に相当する語彙的機能を果たすが，意味的基準を立てることは困難である．

6.2. 語連接の種類

以下，語連接を語類別に分け，その構成とともに例を示す．構成の表記では次の略号を用いる：A：形容詞，Ad：副詞，C：接続詞，Cl：接語代名詞，D：限定詞，N：名詞，P：前置詞，Pp：過去分詞，Pr：代名詞，V：動詞．また，自立語の境界は空白，接語とホストとの境界は＝で示す．

A. 名詞連接

もっとも一般的な型は，主要部の名詞に対し名詞，形容詞，前置詞句が付属部となる構成をとる．詳しくは第2巻（§11）参照．

[N N]: coche patrulla（パトカー），correo basura（迷惑メール），palabra clave（キーワード），pantalón vaquero（ジーンズ），sofá cama（ソファーベッド）

[N A]: agua dulce（淡水），ave migratoria（渡り鳥），caja fuerte（金庫），cámara digital（デジカメ），panel solar（太陽電池）

—14—

6．語連接

[N [P=A]]：alergia a alimento（食物アレルギー），ayudante de cabina（客室乗務員），barco de carga（貨物船），fin de semana（週末），ojo de buey（舷窓），punto de vista（観点）

B．形容詞連接

前置詞句で構成されるのが普通である．形容詞だけではなく副詞としても用いられるものが多い．最もよく見られるのは「de＋無冠詞名詞」の構成である．

[P=N]：a fondo（徹底した），de acuerdo（合意した），de bolsillo（ポケット型の），de bulto（重大な），de ida y vuelta（往復の），de mano（手で扱う），de molde（ぴったり合った），de nacimiento（生まれながらの），de perros（とてもひどい），de punta（垂直の，最先端の），de relojería（時計仕掛けの），de vértigo（ものすごい），en serie（連続する）

[P=[D=N]]：al detalle（小売の）

[P=[A N]]：de doble filo（両刃の），de poca monta（大したことはない），de primera necesidad（必要不可欠な）

[P=[N A]]：de guante blanco（暴力的でない），de pronóstico leve（症状が軽い），de pronóstico grave（症状が重い）

[P=[D=[P=A]]]：al por mayor（卸売の），al por menor（小売の）

[P=V]：(fiesta) de guardar（守るべき（祝日）），(ropa) de vestir（正装用の（服））

C．副詞連接

名詞連接についで非常に数が多く，構成も多様であるが，前置詞句で構成されるものが多数を占める．この場合，同じ形式が形容詞として機能するものも多い．

[N Ad]：boca abajo（うつぶせに），boca arriba（仰向けに），cabeza abajo（上下を逆にして），cabeza arriba（上下を正しくして）

[N P=N]：cara a cara（向かい合って），cuerpo a cuerpo（取っ組み合って），hoy por hoy（今のところ），mano a mano（二人一緒に）

[P=N]：a continuación（引き続いて），a distancia（遠くに），a favor（賛成して），a veces（ときどき），con ardor（熱心に），con decoro（立派に），con locura（猛烈に），con tiempo（あらかじめ，余裕を持って），de antemano（前もって），de bruces（うつ伏せに），de hecho（事実

―15―

Ⅰ. 文法および文法単位

上），de repente（突然），en balde（無駄に），en efecto（確かに），en realidad（実は，現実に），en secreto（こっそりと），por casualidad（偶然に），por fin（結局），por ejemplo（例えば），por unanimidad（全会一致で），sin embargo（しかしながら），sin par（比類ない），sin reservas（無条件で），sin rodeos（単刀直入に）

[P=[N A]]：a cámara lenta（スローモーションで），a manos llenas（気前よく）

[P=[A N]]：a toda costa（どんな犠牲を払っても），en buena lid（正々堂々と）

[P=[D=N]]：a la vez（同時に），al contrario（反対に），al descubierto（屋外で）

[P=[D=A]]：a lo mejor（たぶん），por lo general（概して），por lo pronto（今のところは），por lo tanto（したがって）

[P=Pr]：ante todo（何よりもまず），sobre todo（とりわけ），por eso（それゆえ）

[P=A]：de nuevo（再び），en concreto（具体的には），en general（一般に），en particular（特に），por cierto（ところで，確かに），por completo（完全に），por consiguiente（それゆえ）

[P=Ad]：desde luego（もちろん），para siempre（永遠に），por ende（したがって），por tanto（したがって）

[P Pp]：por separado（別々に），por supuesto（もちろん）

[P=P]：en contra（反対して，反対の）

[D=Ad]：un poco（少し），lo menos（少なくとも）

[A N]：una vez（一度，かつて），tal vez（おそらく）

[Ad A]：no obstante（しかしながら）

[Ad Ad]：ahora bien（さて，ところで），más aún（なおさら），más bien（むしろ），menos mal（まあよかった），nada más（…だけ）

[Ad C]：así como（…と同様に，…のような），así que（だから）

[C=N]：ni papa（全然…ない），ni torta（全然…ない）

[C=Ad]：ni siquiera（…すらない），ni medio（少しも…ない）

[C=[P N]]：ni por asomo（少しも…ない），ni para Dios（絶対に…ない）

6. 語連接

D. 動詞連接

動詞と接語代名詞（人称代名詞・再帰代名詞無強勢形）で構成される．口語的表現が多い．

[V=Cl]: palmarla（死ぬ）, pasarlo（やって行く，過ごす）, tomarla（責める）

[V=Cl=Cl]: arreglárselas（なんとかする）, dársela（だます）, jugársela（悪辣なことをする）, vérselas（対決する）

アカデミア（RAE, 2009: §1.10）が動詞慣用句とする hacer migas（粉々にする）, meter la pata（へまをする）, poner el grito en el cielo（怒りの声を上げる）のような「他動詞＋直接補語」の構造は，ここで言う語連接には該当しない．これらが慣用表現であることは確かであるが，構成素の間に他の語を挿入することが可能であり，単一の語彙的単位とは考えられないからである．例えば，hacerlo migas（それを粉砕すること）/ he metido mucho la pata（私はひどいへまをした）/ pone ahora el grito en el cielo（彼は今怒りの声を上げる）

アカデミア（RAE, 2009: §1.10k）が動詞慣用句と区別するものとして支持動詞構造（construcción con verbo de apoyo）がある．支持動詞とは dar, hacer, tener, tomar など抽象的な意味を持つ他動詞で，軽動詞（verbo ligero）とも言う．支持動詞は行為・状態などなどを表す名詞を直接補語とする動詞句を構成する：dar un paseo（散歩をする）, hacer una pregunta（質問をする）, tener miedo（怖がる）, tomar una decisión（決定をする）．これらの構造は，ある程度の語彙化が生じていることは確かであるが，その統語的な結束性は緩く，単一の語彙単位とは言えない．ちなみに，アカデミアは動詞慣用句と支持動詞構造の区別を構成する語の意味の合成性の強弱（動詞慣用句は意味の不透明性がより強い）という曖昧な意味的基準においている．

動詞の作る慣用的な構造としては他に動詞迂言句（perífrasis verbal）がある．助動詞と動詞無人称形で作られる構造である：deber aprender（学ばなければならない）, empezar a correr（走り出す）, poder realizar（実行できる）, estar hablando（話している）, tener avisado（通知してある）．これはアスペクトや法性を表す表現形式であって，語彙的単位ではない．

E. 前置詞連接

前置詞連接で末尾の構成素となる語は前置詞である．

Ⅰ．文法および文法単位

[P=N P]：a causa de（が原因で），a cuenta de（に依存して），a fin de（…するために），a través de（を通して），con motivo de（を理由に），con objeto de（のために），con respecto a（に関して），de acuerdo con（に従って），en aras de（に敬意を表して），en caso de（の場合に），en lugar de（の代わりに），en medio de（の真ん中に），en torno a（の周りに，に関して），por encima de（の上に），en vez de（の代わりに），por medio de（を仲介して），por parte de（としては）

[P=[D=A] P]：a lo largo de（に沿って），en lo tocante a（に関しては）

[P=V P]：a juzgar por（から判断すると），a partir de（から），a pesar de（にもかかわらず）

[P=Pr P]：en cuanto a（に関して）

[P=P]：a por（を求めて）

[N P]：frente a（の正面に，に対して），gracias a（のおかげで），respecto a（に関して）

[Pp P]：debido a（のせいで）

[Ad P]：acerca de（について），además de（に加えて），alrededor de（の周囲に），antes de（…より前に），cerca de（の近くに），conforme a（に従って），debajo de（の下に），delante de（の前に），dentro de（の中に，…後に），después de（の後で），detrás de（の後ろに），encima de（の上に），fuera de（の外に），junto a（のそばに），junto con（と一緒に），lejos de（から遠くに）

F．接続詞連接

接続詞連接で最後に来る構成素は，接続詞 que となるものがほとんどを占める．

[Ad C]：ahora que（今…なので），así como（と同様に，のような），así que（したがって，…するとすぐに），aun cuando（…するとしても），luego que（…するとすぐに），siempre que（…するときはいつも，するのであれば），ya que（…であるからには）

[Pp C]：dado que（…なので，であるならば），puesto que（…だから），supuesto que（…であるから，であるとしたら），visto que（…であるからには）

[P=C]：a que（…するように），desde que（…して以来），hasta que（…す

－18－

6. 語連接

るまで), para que (…するように), sin que (…しないで)

[P=[C=Ad]]: por si acaso (万一のために, もしかすると…するかもしれないから)

[P=N C]: a medida que (…するにつれて), de manera que (だから, …するように), de modo que (だから, …するように), de suerte que (したがって, …するように)

[P=N [P=C]]: a fin de que (…するために), en caso de que (…する場合には)

[P=Ad C]: a menos que (…でなければ)

[P=Ad [P=C]]: con tal de que (…でさえあれば)

[P=[Ad V] C]: a no ser que (…でないならば)

[C=Ad]: si bien (ただし, …であっても)

[C=C]: como si (まるで…のように)

7．慣用表現

　慣用化され，固定化した語の連鎖で，その意味が合成的でないもの，つまりそれを構成している語の文字どおりの意味からは全体の意味が導き出せないものを慣用表現（modismo, idiotismo）と言う．これはアカデミア（RAE 2009:§1.10）の言う慣用句（locución）に一部該当するが，アカデミアの概念は狭く，語彙化された語群であると規定している．慣用表現は意味的な概念であって，語彙論や統語論の単位ではない．統語的には語連接，接語句，句，ときには節や文でもあり得る．つまり，慣用表現は次のように語から文までのレベルの異なる統語単位にまたがっている．

1）語連接：cara dura（厚かましさ），media naranja（伴侶），caballo de mar（タツノオトシゴ），ojo de buey（舷窓，丸窓）
2）接語句：dársela（＋a…をだます），habérselas（＋con…と対決する），pegársela（転ぶ，だます）
3）句：meter la pata（へまをやる），dar gato por liebre（羊頭狗肉である），no tener pelos en la lengua（ずけずけものを言う）
4）節：no está el horno para bollos（今は時期がよくない），es la gota que colma el vaso（もう我慢の限界を超えた）

　慣用表現の意味の多くは比喩的なものであるが，その不透明性には程度の差がある．ときには慣用表現としてではなく，文字どおりの意味で使用される場合もある．

　慣用表現は成句（frases hechas）とも言われるが，これは多くの場合，動詞を含む表現を指す．成句は広い意味では格言（aforismo）やことわざ（proverbio, refrán）と同義的に使用されることもあるが，これらとは別の概念であるから区別する必要がある．

—20—

II．名詞および名詞句

8. 名詞の特徴

8.1. 名詞の機能と文法範疇

　名詞は統語的に見ると，句の主要部となって名詞句を構成し，文の主語や補語，前置詞の被支配語，付加語となる．形態的には性と数の文法範疇を持っていて語尾変化をする可変語である．名詞の性は，それぞれの名詞に固有の意味特徴で内在的なものであるのに対して数は話し手の判断により選択される可変的な特徴であり，スペイン語の名詞は数の範疇により語尾変化を行う．

　性と数の文法範疇を持つ点で名詞は形容詞と共通性があり，形態的にも語尾が形容詞と共通するものが多い．このため，伝統文法では両方を合わせて名詞 (nombre) と呼び，それを実詞 (sustantivo) と形容詞 (adjetivo) に分けていた．狭い意味での名詞は今でも実詞と呼ばれることがある．

8.2. 名詞の語形変化

　名詞は数の範疇により語形変化を行う．名詞の基本形 (辞書の見出し語形) は単数形であり，特別の形態的標識を持たないが，複数形は単数形に接辞が付加されて形成される．語尾が母音で終わる語には接辞 -s，子音で終わる語には -es が付加されるのが原則である：pájaro (鳥) → pájaros / avión (飛行機) → aviones．例外的に単数と複数が同形の名詞も存在する．例えば，語末音節が無強勢で -s で終わる語は単複同形である；martes (火曜日)，crisis (危機)．名詞の数変化の詳細については本シリーズ第 2 巻 (§3.3) を参照．

— 22 —

9. 名詞の性

9.1. 性の範疇

　スペイン語の名詞は性と数の文法範疇を持っている．この点はフランス語，イタリア語，ポルトガル語など他のロマンス諸語と同様である．性（género）とは名詞を類別する種類であり，名詞に内在する特徴であって，辞書には明示されている．性は形容詞，過去分詞，限定詞，代名詞にも関わる文法範疇であるが，これらの語類の性は内在的なものではなく，名詞の性に呼応して顕在化するものである．呼応（concordancia）または一致とは，例えば男性名詞を修飾する形容詞は男性形に，女性名詞を修飾する形容詞は女性形に変化させなければならないという文法現象である．直示的な指示代名詞の場合は，有生物を指示対象とする場合，その生物学的な性別を反映することになる．例えば，男の人間を指示する場合は男性形，女の人間を指示する場合は女性形になる．

　スペイン語の性には男性（masculino）と女性（femenino）の2種類がある（以下，必要に応じ男性は m.，女性は f. と略記する）．スペイン語では定冠詞，指示代名詞および人称代名詞のみに中性（neutro）という範疇があるが，名詞に中性は存在しない．普通名詞はすべて男性か女性か，どちらかに分類される．文法的な性と生物学的な性別（sexo）は関連がないわけではないが，別の概念であるから混同してはならない．とはいえ，スペイン語では人間・動物などの有生物を表す名詞，つまり有生名詞（nombre animado）の場合，その性別（sexo）が名詞の性と一致しているのが普通である．例えば，padre（父親），hijo（息子）は男性，madre（母親），hija（娘）は女性である．しかし，指示対象の性別とは無関係に文法的な性が定まっている場合もある．例えば，gente（f. 人々），persona（f. 人），víctima（f. 犠牲者）など．人間を表す名詞の中には同形のままで男性にも女性にもなる性共通名詞と呼ばれるものもある．例えば，artista（芸術家），estudiante（学生），modelo（モデル）な

—23—

Ⅱ．名詞および名詞句

どで，性の区別は冠詞などの修飾語によって示されることになる：el artista
（男性芸術家），la artista（女性芸術家）

　無生物を表す無生名詞（nombre inanimado）の場合，その性を推定できる
ような意味的な特徴があるわけではない．性の区別に合理的根拠はなく，性
は言語の慣習として名詞に割り当てられている指標でしかないからである．
しかし，スペイン語では名詞の語尾の形態と性との間には強い相関が見られ
る．

　名詞的用法の不定詞，名詞以外の語類が名詞化した場合およびメタ言語と
して名詞化された語はすべて男性扱いとなるのが原則である．

　　　El *fumar* es perjudicial para la salud. 喫煙は健康に有害である．

　　　Si no es un *sí*, es un *no*. 返事がイエスでなければノーということだ．

　　　Es un *quiero y no puedo*. あいつはまねしたがり屋だ．

　　　los *pros* y los *contras* de las redes sociales SNS 賛成派と反対派

9.2. 中性

　スペイン語の名詞にはラテン語やギリシャ語，現代のドイツ語，ロシア語
などに見られるような中性という範疇は存在しない．しかし，指示詞，定冠
詞および人称代名詞には中性と呼ばれる形式がある．中性は無生物で，不可
算のもの，意味的には事柄や物の集合を指す．

　1）指示代名詞：esto（これ，このこと），eso（それ，そのこと），aquello
　　　（あれ，あのこと）

　2）定冠詞：lo

　3）人称代名詞：ello（それ，そのこと），lo（それを，そのことを，そう）

　　　人称代名詞の lo は直接補語または属詞として現れる接語形である．

　　　　No *lo* sabía. 私はそれを知らなかった．

　　　　Martín es honrado, pero su hermano no *lo* es. マルティンは正直だが，
　　　　弟はそうではない．

以上の語に加えて数量詞の一部（tanto, cuanto, cuánto, mucho, poco）や疑問
代名詞の一部（qué）を中性と見なす考え方もある．これは意味的に男性でも
女性でもないため中性と解釈するものである．しかし，これらの語は形態的
には男性形と同じであるから，あえて中性形として区別する必要は認められ

—24—

ない.

　また，中性人称代名詞を主語とする構文の属詞や中性冠詞 lo の付いた名詞句に現れる形容詞も性が一致しているはずという理由で中性と見なす考え方もある．しかし，これも形態的に男性と相違があるわけではないのであえて中性形と見なす必要はないだろう．つまり，中性形の代名詞や定冠詞と統語関係を持つ形容詞は男性形が用いられていると見てよい.

　　Eso es demasiado *peligroso*. それはあまりに危険過ぎる.

　　Lo *bueno* y lo *malo* son conceptos relativos. 善と悪は相対的な概念である.

　　Hay que hacer todo lo *necesario*. 必要なことはすべてやらなければならない.

9.3. 性の機能

　性という文法範疇は，それを持たない言語の話者から見れば一見無用と思える区別であるが，文法的に見ると性は数とともに統語関係と指示の関係を示す上で重要な役割を果たしている．名詞の性は数とともに限定詞・形容詞など名詞の修飾語およびその名詞を指示する代名詞に呼応を引き起こす．名詞がそれと統語関係を持つ限定詞・形容詞・代名詞に性・数の一致を引き起こすのである．男性名詞には限定詞・形容詞・代名詞の男性形が，女性名詞には同様に女性形が呼応する：*el* libro（本）/ *una* mesa *redonda*（丸いテーブル）/ *Esta* casa es *mía*（この家は私の家だ）

　性の重要な機能は呼応によって名詞と修飾語との統語関係を明らかにし，名詞と代名詞の指示関係を明らかにすることである．この意味で性は統語関係に関わる範疇である．例えば，呼応のない日本語で「白いシャツと帽子」と言うと，「[白いシャツ]と[帽子]」とも「白い[シャツと帽子]」とも解釈できる．この意味の区別は場面の手がかりがなければ日本語では音韻的な手段（アクセントとイントネーション）に頼るしかない．スペイン語では，前者は "una camisa blanca y un sombrero"，後者は "una camisa y un sombrero blancos" のように表され，形容詞の語順と呼応という形態・統語的な手段によって意味を区別することが可能である.

— 25 —

Ⅱ. 名詞および名詞句

＜参考１＞　性の起源と本質

　文法的性 (género gramatical) は，日本語のように性をもたない言語の話者にとっては理解しにくく，わずらわしく思われる文法範疇である．性は名詞を一定数の種類に分類した体系である．スペイン語を含むインドヨーロッパ語族の言語では２〜３種類の性 (男性，女性，中性) を持つものが多いが，世界の言語の中には 10 〜 20 以上の種類を持つものもあり，このように複雑なものは名詞類 (clase nominal) と呼ばれる．性または名詞類を持つ言語では，名詞はそれと統語関係を結ぶ形容詞，言語によっては動詞など他の語類にその名詞と同じ種類の標識を要求するという文法的な特徴がある．これは呼応あるいは一致と呼ばれる現象である．この標識は言語により語尾に現れる場合と語頭に現れる場合がある．

　世界の言語の中で性または名詞類を持つ代表的なものは，多くの欧州の言語が属するインドヨーロッパ (印欧) 語族，アラビア語，ヘブライ語などが属するアフロアジア語族，アフリカのバントゥー諸語やコイサン諸語，北米のアルゴンキン諸語，オーストラリアのアボリジニ諸語などのグループである．特にバントゥー諸語は多数の名詞類を持つことで有名であり，その中でもよく知られているスワヒリ語には 16 の名詞類がある．

　印欧語における性は，起源的には太古の時代にあらゆる事物の名前 (nombre，つまり名詞) を生物と無生物 (中性) に分け，さらに生物と考えられるものは男性と女性に分けるという過程で始まったと推定される．かつては性の起源としてアニミズム (汎霊説) 的な自然観が作用したとする説が有力であったが，現代の欧米ではなぜか否定的な見解をとる学者が多い．しかし，それを裏付けるような十分説得力のある主張は見当たらない．おそらく性の成立には言語が生まれた最古の時代のある地域の人類の間でその自然観に基づき無生物も擬人化するという比喩的な思考が働いたことは否定できないだろう．現代語でも無生物主語を持つ表現は擬人化による暗喩 (メタファー) という観点から眺めてみると，理解しやすい場合がある．このように性の起源は生物・無生物の区別や生物学的な性，つまり性別 (sexo) と関連すると見られるが，事物そのものの意味を分類したわけではなく，あくまで事物に付けられた名前の分類であると考えなければならない．

　いったん性の区別が成立すると，性と名詞の形式との関連が意識されるよ

— 26 —

うになったようである．特に名詞語尾の形態的な特徴といずれかの性との結
びつきが強く感じられるようになり，形式上の類推から同様の語尾を持つ名
詞に同じ性が与えられるという現象も起きるようになったと考えられる．現
代の欧州の言語を比較すると，スペイン語は名詞の語尾を見れば性を推定で
きる可能性が高いという意味でフランス語やドイツ語などより形態と性の相
関が比較的強い言語であると言えるだろう．スペイン語の場合，-o で終わ
る名詞は男性，-a で終わる名詞は女性が普通である．もちろん，フランス
語にも一定の語尾と性との相関関係は存在するが，歴史的な音韻変化によっ
て語末母音がほとんど消失してしまったため形態的な手がかりはより少な
い．スペイン語と同様，ロシア語も形態と性の相関性が強く，子音で終わる
名詞は男性，-a で終わる名詞は女性，-o / -e で終わる名詞は中性というのが
普通である．

9.4. 性と名詞語尾

　人・動物を表す有生名詞の場合，それが表す自然の性，つまり性別がその
名詞の文法的性と一致することが多いが，無性名詞の場合，そうした意味上
の手がかりはほとんどない．しかし，スペイン語では有生物・無生物どちら
の場合も含めて名詞の性とその語尾の形態との間に強い相関関係が見られ
る．

A. 語尾が -o / -a で終わる名詞

　一般に語尾が母音 -o 終わる名詞は男性，-a でお終わる名詞は女性である．
次に挙げるのは無生名詞の例である．

- **-o**《男性》camino（道），dinero（金銭），edificio（建物），río（川），suelo
（床），tiempo（時間），viento（風）
- **-a**《女性》casa（家），montaña（山），plaza（広場），puerta（扉），regla（規
則），silla（椅子），vida（生命）

ただし，どちらにも少数の例外が存在する．

- **-a**《男性》día（日），drama（劇），mapa（地図），planeta（惑星），sistema
（体系），tranvía（市電）

この他にもギリシャ語起源の学識語で -ma の語尾を持つ男性名詞がかな
りある．ちなみに，このグループはギリシャ語では中性であった．

Ⅱ. 名詞および名詞句

aroma（芳香），clima（気候），diagrama（図表），drama（演劇），idioma
（言語），panorama（展望），problema（問題），programa（番組），
telegrama（電報），tema（主題）

-o《女性》dinamo（発電機），libido（リビドー），mano（手）

女性名詞で -o で終わる例は非常に少ないが，元の語の1部を切り取った
短縮語（acortamiento）の中には短縮の結果 -o で終わるようになった女性名
詞がいくつかある．

disco（< discoteca ディスコ），foto（< fotografía 写真），moto（<
motocicleta オートバイ），radio（< radiofonía ラジオ）

語尾の母音 -o / -a の他にも語尾に付いている接尾辞および接尾辞とは言
えない一定の語尾により名詞の性が判別できる場合がある．

B. 女性名詞を形成する接尾辞または語尾

次のような接尾辞または語尾を持つ名詞は女性である．

-ción, -sión, -tión, -xión：canción（歌），descripción（記述），vacación（休
暇），obtención（取得）；discusión（討論），sesión（会合）；cuestión（疑
問），digestión（消化）；conexión（つながり），reflexión（熟考）

-dad, -tad, -tud：bondad（善良さ），novedad（新しさ），sociedad（社会），
velocidad（速度），verdad（真実）；amistad（友情），dificultad（困難），
libertad（自由）；juventud（青春），multitud（群衆）

-ez：escasez（欠乏），estrechez（狭さ），estupidez（愚かさ），honradez（正
直），niñez（幼年期），rapidez（速さ），timidez（臆病）

-ie：barbarie（野蛮），efigie（肖像），especie（種類），serie（一続き），
planicie（大平原），superficie（表面）

-itis：apendicitis（虫垂炎），dermatitis（皮膚炎），hepatitis（肝炎），laringitis
（喉頭炎），meningitis（髄膜炎），nefritis（腎炎）

-umbre：certidumbre（確実性），costumbre（習慣），cumbre（頂上），legumbre
（豆類），lumbre（火），muchedumbre（群衆），servidumbre（隷属）

C. 男性名詞を形成する接尾辞

男性名詞を派生させる接尾辞は多数あるが，語尾 -o で終わるものを除く
と，次のような接尾辞を持つ名詞は男性である．

-ador, -edor, -idor：creador（創造者），fumador（喫煙者），jugador（競技
者），nadador（泳者）；bebedor（酒飲み），poseedor（所有者），vencedor

— 28 —

（勝者）；consumidor（消費者），esgrimidor（フェンシング選手），servidor（召使い）

-aje：aterrizaje（着陸），blindaje（装甲），garaje（車庫），homenaje（敬意），hospedaje（宿泊），maquillaje（メーキャップ），reciclaje（リサイクル）

-án：catalán（カタルーニャ人），charlatán（おしゃべりな人），guardián（管理人），holgazán（怠け者），musulmán（イスラム教徒）

-és：aragonés（アラゴン人），burgués（ブルジョア），francés（フランス人），montañés（山地に住む人），tailandés（タイ人）

-ín：bailarín（ダンサー），calcetín（靴下），espadachín（剣客），polvorín（火薬庫），sillín（サドル）

-ón：apagón（停電），follón（騒動），mandón（威張りちらす男），remendón（靴直し職人），tragón（大食漢）

これら接尾辞のうち -ador, -edor, -idor, -án, -és, -ín, -ón は人を表す名詞を形成する場合，語尾 -a を付加することによって対応する女性名詞を作ることができる：jugadora, charlatana, francesa, bailarina, tragona など．

D. 強勢のある母音で終わる名詞

強勢のある単母音で終わる名詞は一般に男性である．その大部分は借用語である．

> sofá（ソファー），faralá（すそ飾り）；café（コーヒー），carné（証明書）；ají（トウガラシ），esquí（スキー），jabalí（イノシシ），rubí（ルビー）；dominó（ドミノ）；bambú（竹），menú（献立表），tabú（タブー）

ただし，地名から派生する住民名詞で -í で終わるものは性共通名詞である（§9.5.1 参照）．

E. その他の母音で終わる名詞

母音 -e およびその他の無強勢母音で終わる名詞については形態上の手がかりがほとんどなく，男性・女性どちらの場合もある．

1）-e で終わる名詞

> 《男性》aceite（オリーブ油），alambre（針金），alcance（範囲），borde（縁），coche（乗用車），enlace（つながり），fraude（詐欺），garaje（車庫），golpe（殴打），índice（指標），jarabe（シロップ），límite（境界），molde（鋳型），puente（橋）

Ⅱ．名詞および名詞句

《女性》calle（通り），carne（肉），clase（種類，クラス），fiebre（体熱），índole（特徴），leche（牛乳），linde（境界），llave（鍵），muerte（死），noche（夜），nube（雲），pirámide（ピラミッド），tarde（午後）

２）その他の無強勢母音で終わる名詞

《男性》álcali（アルカリ），espíritu（精神），ímpetu（勢い）

《女性》tribu（部族）

《性共通》yanqui（ヤンキー）

F. 子音で終わる名詞

上記で取り上げた以外の子音で終わる名詞については形態上の手がかりはほとんどないが，一般に男性が優位である．スペイン語で語末に現れる一般的な子音は，正書法で表記すると次のとおりである：-d, -j, -l, -n, -r, -s, -x, -z．ちなみに，-j で終る語はきわめてまれであるが，ほとんどが男性名詞で，女性名詞は troj しか見つからない．

《男性》alud（雪崩），césped（m. 芝生）；boj（ツゲ），reloj（時計）；árbol（木），pedal（ペダル）；avión（飛行機），plan（計画）；color（色），dolor（苦痛）；análisis（分析），oasis（オアシス）；clímax（頂点），fénix（不死鳥）；arroz（米），lápiz（鉛筆）

《女性》pared（壁），red（網），sed（渇き）；troj（穀物倉庫）；col（キャベツ），piel（皮膚）；comezón（かゆみ），imagen（イメージ），sien（こめかみ）；flor（花），labor（労働）；parálisis（麻痺），tesis（学位論文）；luz（光），voz（声）

9.5. 性共通名詞

9.5.1. 性共通名詞の形態

人を表す有生名詞の中には同形のままで男性にも女性にも用いられるグループがあり，性共通名詞（nombre común en cuanto al género）と呼ばれる．文脈の中ではそれを修飾する限定詞や形容詞によって性が明示されることになる：el atleta（男子陸上選手）/ la atleta（女子陸上選手）

性共通名詞の語尾はさまざまであるが，性共通名詞特有の語尾を持つものとそうでないものがある．性共通名詞に特有とは言えないが，主要な性共通

—30—

9. 名詞の性

名詞は次のような語尾を持つものが多い．特に語尾が母音 -a, -e で終わり，人を表す名詞は性共通名詞になることが多い．

1）-a で終わるもの —— camarada（同僚），celta（ケルト人），centinela（歩哨），colega（同僚），escolta（護衛），espía（スパイ），guardia（警官，警備員），guía（案内人），pirata（海賊），policía（警官）

ギリシャ語・ラテン語由来の学識語で，-a の語尾を持つものには性共通名詞の例が多い．主に職業や人の属性を表す名詞である．

agrícola（農民），aristócrata（貴族），astronauta（宇宙飛行士），burócrata（官僚），demócrata（民主主義者），estratega（戦略家），homicida（殺人者），idiota（愚か者），indígena（先住民），pederasta（男色者），pediatra（小児科医），sicópata（精神病質者），siquiatra（精神科医），suicida（自殺者）

2）-e で終わるもの —— cadete（士官候補生），cónyuge（配偶者），detective（探偵，刑事），intérprete（通訳，演奏者），transeúnte（通行人）

3）-o で終わるもの —— modelo（モデル），piloto（パイロット），reo（受刑者），sabelotodo（知ったかぶりをする人），testigo（証人）

4）子音 -n, -r, -s で終わるもの —— edecán（副官），rehén（人質）；mártir（殉教者），prócer（貴人）；mandamás（お偉方）

5）-s で終わる単複同形名詞 —— agonías（小心者），bocazas（口の軽い人），viejales（年寄り），vivales（ずる賢い人）

形態的に性共通名詞となるのが通常である類型としては次のようなものがある．

A. 特有の接尾辞を持つ名詞

性共通名詞を形成する代表的な接尾辞としては次のものがある．

-al：comensal（食卓をともにする人），corresponsal（通信員），homosexual（同性愛者），industrial（実業家），profesional（プロ），vocal（委員）

-ante, -ente, -iente：comerciante（商人），estudiante（学生），representante（代表）；adolescente（未成年者），agente（代理業者），delincuente（犯罪者），gerente（支配人）；paciente（患者），pretendiente（志願者），superviviente（生存者）

-í：iraní（イラン人），iraquí（イラク人），israelí（イスラエル人），maniquí（ファッションモデル），marroquí（モロッコ人），paquistaní（パキスタン

—31—

人），yemení（イェーメン人）

-ista：artista（芸術家），budista（仏教徒），paracaidista（スカイダイバー），periodista（ジャーナリスト），pianista（ピアニスト），socialista（社会主義者），taxista（タクシー運転手）

-ita：ismaelita（イスマエルの子孫，アラビア人），jesuita（イエズス会士），moscovita（モスクワ市民），semita（セム系の人），vietnamita（ベトナム人）

ただし，接尾辞 -ante, -ente, -iente を持つ名詞の中には対応する女性形 -anta, -enta, -ienta を派生させるものが少数存在する．

cliente ~ clienta（顧客），presidente ~ presidenta（議長，社長），regente ~ regenta（摂政），dependiente ~ dependienta（店員），pretendiente ~ pretendienta（志願者），sirviente ~ sirvienta（使用人）

接尾辞 -ista を持つ名詞の中には例外的に男性形 -isto を派生させたものがある：modisto ~ modista（ドレスメーカー）

B. 人を表す動詞名詞複合語

複合語の中には「動詞＋名詞」で構成される動詞名詞複合語（compuesto verbonominal）と呼ばれるグループがある（第2巻§10.3.C参照）．この種の複合語で人を表すものはすべて性共通名詞である．複合語の後の構成素が可算名詞の場合は複数形をとるのが普通で，その場合語尾は -s となり，複合語としては単複同形である．

cantamañanas（口先だけの人），guardaespaldas（ボディーガード），matasanos（やぶ医者），papanatas（だまされやすい人），picapleitos（へぼ弁護士），portavoz（スポークスマン）

C. 形容詞から転用された名詞

形容詞の中には性変化をせず，数のみで変化するグループ（数変化型）がある．この類型の形容詞は転用されて名詞化すると，人を表す性共通名詞になる．性は限定詞や形容詞によって示される：el pobre / la pobre（貧乏な人）．次にその一部の例を示す．

audaz（大胆な人），auxiliar（助手），cobarde（卑怯者），familiar（家族，親戚），feliz（幸せな人），imbécil（愚か者），joven（若者），noble（貴族），responsable（責任者）

9. 名詞の性

9.5.2. 職業・職種を表す性共通名詞

　従来，男性に独占されていた職業・職種に女性の進出が著しいことやフェミニズム運動の高揚を反映してスペイン語では 1980 年代以降，男性名詞しかなかった語彙分野に女性名詞を造語し，語彙に加えようとする傾向が強まっている．語形成の方法は 2 つあり，その第 1 は男性名詞から女性名詞を語尾の転換または接尾辞付加によって派生させるもの，第 2 は男性専用だった名詞を性共通名詞に転用するものである．第 1 の方法は典型的な男性名詞の語尾 -o を持つ名詞に多く，これを語尾 -a に転換することによって女性名詞を派生させる：abogado > abogada（弁護士），bombero > bombera（消防士），ingeniero > ingeniera（技術者），ministro > ministra（大臣）．第 2 の方法は子音または -o 以外の語尾を持つ名詞でよく見られる：un chófer > una chófer（運転手），un general > una general（将軍），un teniente > una teniente（中尉）．ただし，このような語尾を持っているにもかかわらず接尾辞付加によって女性名詞を派生させる場合もある：alcalde > alcaldesa（市町村長），cliente > clienta（顧客），edil > edila（市会議員），pariente ~ parienta（親戚）

A. 職業・専門職を表す名詞

　かつて男性名詞であったものが現在ではそのままの形式で性共通名詞となり，女性に対しても用いられるものとしては上記の語の他に次のような例がある．

　　cónsul（領事），fiscal（検事），juez（判事），piloto（操縦士，オートバイのライダー），policía（警官）

　ただし，juez には jueza という女性形もあり，どちらを使用するかはスペイン語圏の地域によって相違がある．fiscal についても女性形 fiscala を用いる地域がある．また，jefe（長，上司）に対しては jefa，médico（医者）に対しては médica という女性形があるが，新語は当初滑稽なニュアンスを伴うこともあるため médico, jefe を性共通名詞として用いる例もまだわずかながら残っている．その反面，積極的に女性形を用いようとする動きも近年強まっている．

B. 軍人を表す名詞

　軍人の階級名を表す名詞グループは，かつては男性名詞のみであったが，現実に女性の軍人も増えている現代では形態を変えずに性共通名詞として用いられるのが原則である：el coronel / la coronel（陸軍大佐）．以下にその他

の例を示す.

> almirante（海軍大将，提督），general（陸軍将官，将軍），jefe（陸・海軍佐官），comandante（陸軍少佐），capitán（陸軍大尉，海軍佐官），teniente（陸軍中尉，海軍尉官），alférez（陸軍少尉），brigada（曹長），sargento（軍曹），cabo（兵長），soldado（兵卒）

　これらの名詞の中には対応する女性形を持つものがあるが，かつてその意味は女性の軍人ではなく，軍人の妻を表していた：generala（将軍夫人），coronela（陸軍大佐夫人）．現在では，この種の語法はほとんど廃用化している．現在でも capitana は用いられるが，その場合は軍人を指すのではなく，「女性主将，女性船長」の意味に特化して用いられる．また，jefe が軍人ではなく「部課長」を指す場合は女性形 jefa が用いられる．階級名の中には例外的に marinero / marinera（水兵）のような男性名詞と女性名詞が対立するものもある．しかし，性共通名詞としてまだ十分定着していない語はまだ使用に抵抗感があるようで，la soldado の代わりに la mujer soldado（女性兵士）のような同格形式が用いられることもある．

C. 楽器奏者を表す名詞

　音楽用語で楽器を表す名詞は，その演奏者を示すことがある．その場合は，本来の性とは無関係に性共通名詞となる．以下，性共通名詞の性は m. / f. と略記する.

> contrabajo（m. コントラバス，m. / f. コントラバス奏者），flauta（f. フルート，m. / f. フルート奏者），trompeta（f. トランペット，m. / f. トランペット奏者），violín（m. バイオリン，m. / f. バイオリン奏者）

9.6. 両性通用名詞

　有生物を表す名詞の中には，その文法的な性と指示対象の生物学的な性別とが無関係のものがある．その大部分は動物を表す名詞で，文法的には男性または女性であるが，指示対象は雄・雌のどちらも指す．例えば，gorrión（スズメ）は男性名詞であって対応する女性形はなく，雄・雌どちらのスズメも指す．この種類のものを両性通用名詞（nombre epiceno）と言う．人間を表すものも少数ある.

9. 名詞の性

A. 動物を表す両性通用名詞

《男性》avestruz（ダチョウ），búho（フクロウ），buitre（ハゲタカ），canguro（カンガルー），cuervo（カラス），delfín（イルカ），gorila（ゴリラ），hipopótamo（カバ），jaguar（ジャガー），leopardo（ヒョウ），panda（パンダ）

《女性》águila（ワシ），araña（クモ），ballena（クジラ），cebra（シマウマ），golondrina（ツバメ），jirafa（キリン），mosca（ハエ），rana（カエル），serpiente（ヘビ），tortuga（カメ）

これらの名詞について性別を示したいときはその直後に名詞 macho（雄）または hembra（雌）を同格語として置く．macho は男性名詞，hembra は女性名詞であるが，どちらが付いても主要部の名詞の文法的な性は元のままで変わらない：un panda macho（雄のパンダ），un panda hembra（雌のパンダ）

この種類の名詞が比喩的な意味で人間に対しても用いられる場合がある．その場合も，指示対象の性別に関わりなく文法的な性は維持される．

Ese joven es una fiera. その若者は猛獣のようなやつだ．

B. 人を表す両性通用名詞

人間を表す両性通用名詞もあるが少数である．その中には事物を表す名詞が比喩的用法で人間にも用いられるようになったものがかなりある．

《男性》bebé（赤ん坊），esperpento（異様な人），genio（天才），ligue（引っ掛けた相手），miembro（メンバー），personaje（人物），vástago（子孫）

《女性》celebridad（有名人），criatura（幼児），estrella（スター），persona（人），personalidad（名士），víctima（犠牲者，被害者）

以上の人を表す名詞の性別を特に示したい場合は，形容詞 masculino（男性の）/ femenino（女性の）を後に置くか，ときには名詞 varón（男）/ mujer（女）を同格語として後に置く：víctima femenina（女性の犠牲者），estrella varón（男性スター）

最近は，これら人を表す両性通用名詞を性共通名詞化する傾向が広がっている：un miembro ~ una miembro. アメリカスペイン語では bebé が性共通名詞化しているが，中米やラプラタ地域（アルゼンチン・ウルグアイ・パラグアイ）では性対立をする異形が用いられる：un bebe ~ una beba

以上の他に男女どちらも含む人の集合を表す名詞の中に両性通用名詞が多

— 35 —

Ⅱ．名詞および名詞句

数あるが，これについては集合名詞の項（§11.2）で取り上げる．

9.7. 女性名詞の派生

有生名詞は男性と女性を表す形式が対立し，ペアとなっているものが多い．その中には異なる語根を持つ名詞が対立するものも少数ある．

hombre（男）~ mujer（女），padre（父）~ madre（母），yerno（娘婿）~ nuera（息子の嫁），caballo（雄馬）~ yegua（牝馬），carnero（雄羊）~ oveja（雌羊），toro（雄牛）~ vaca（雌牛）．

このように語彙論的な対立を見せる語を異語根同類語（heterónimo）と呼ぶ．しかし，人を表す有生名詞の大部分や動物を表す有生名詞の一部は男性名詞を語基として女性名詞を派生させるのが一般的で，語尾の相違により形態論的な対立を示す．

派生の方法としては語基の名詞の語尾母音を交替せるものおよび語基に女性名詞を形成する接尾辞を付加するものがある．

1）語尾母音の交替

-o ~ -a：abuelo（祖父）~ abuela（祖母），fotógrafo（写真家）~ fotógrafa（女性写真家），hijo（息子）~ hija（娘），niño（男の子）~ niña（女の子），gato（雄猫）~ gata（雌猫），perro（雄犬）~ perra（雌犬）

-e ~ -a：cliente（男性顧客）~ clienta（女性顧客），monje（修道士）~ monja（修道女），pariente（男の親戚）~ parienta（女の親戚），sastre（仕立て屋）~ sastra（女性仕立て屋）

-ø ~ -a：asesor（男性顧問）~ asesora（女性顧問），doctor（男性博士）~ doctora（女性博士），profesor（男性教師）~ profesora（女性教師），león（雄ライオン）~ leona（雌ライオン）

近年，女性名詞から男性名詞が派生した珍しい例もある：azafata（客室乗務員）> azafato（男性乗務員）

2）接尾辞付加

-esa：alcalde（市長）~ alcaldesa（女性市長），conde（伯爵）~ condesa（女性伯爵，伯爵夫人），duque（公爵）~ duquesa（女性公爵，公爵夫人），príncipe（王子）~ princesa（王女），tigre（雄トラ）~ tigresa（雌トラ）

-isa：papa（教皇）~ papisa（［伝説的な］女性教皇），poeta（男性詩人）~

— 36 —

9. 名詞の性

poetisa（女性詩人），profeta（預言者）~ profetisa（女性預言者），
sacerdote（聖職者）~ sacerdotisa（女性聖職者）
ただし，poeta は現在では性共通名詞としても用いられる．
-**ina**：héroe（英雄）~ heroína（女性英雄），rey（王）~ reina（女王，王妃），
zar（[ロシアの]皇帝）~ zarina（[ロシアの]皇后，女帝），gallo（雄鶏）~
gallina（雌鶏），jabalí~ jabalina（イノシシ）
-**iz**：actor（男優）~ actriz（女優），emperador（皇帝）~ emperatriz（女帝，
皇后），protector（保護者）~ protectriz（女性保護者）
ただし，-iz は現代ではあまり生産的ではなく，上記の語には actora，
emperadora，protectora のような女性の異形がある．
このような女性名詞の派生については本シリーズ第 2 巻（§9.6）参照．

9.8　性に関する包括語法

　19 世紀から世界中で男女平等を求める女性解放運動が盛んになったが，
20 世紀以降もフェミニズム運動の波は繰り返し起きている．1960 年代には
政治面だけでなく社会・文化・教育などの面でも性の平等と女性の権利を求
める新たな運動が欧米で始まり，世界中に広がった．この動きは言語にも波
及し，語彙や表現上の性差別を排除しようとする動向が強まった．これは包
括語法（lenguaje inclusivo）と呼ばれ，性に限らず世代・人種・民族・宗教な
どさまざまの分野で特定の社会集団を排除する可能性のある表現を避け，中
立的な言語使用を求めるものである．これは 1970 年代から始まったいわゆ
るポリティカル・コレクトネス（corrección política），すなわち特定の社会集
団に対する偏見や差別を生まないような政策や言語表現を求める主張とも関
連している．包括語法の中心的な問題は性別（sexo）であり，この分野に限っ
て性無差別語法（lenguaje no sexista）と呼ばれることもある．その主張は，
男のみに限られるような職業・職務名を排除すること，表現上でも男性中心
ではなく，なるべく性別を示さないよう言い換えること，「男らしさ，女らしさ」
を強調するようなステレオタイプな決り文句や言い回しを排除することなどが提
唱されている．
　英語では，例えば次のような性の無差別化の方策が提案され，実行され
た．女性のみ既婚・未婚の区別のある *Mrs.* / *Miss* の代わりに新造語 *Ms.* を

— 37 —

用いる，男・女の区別のある3人称代名詞 he / she をなるべく複数の *they* で言い換え，ときには単数でも用いる，男性のみに限られていた職業名 *chairman*（議長），*fireman*（消防士），*policeman*（警察官）などを性別を示さない語彙 *chair* (*person*)，*firefighter*，*police agent* に置き換えるなど．

スペイン語の場合，英語と異なり固有の文法的特徴として性（género）が組み込まれているので，対応はより複雑なものとならざるを得ない．語彙面に焦点を絞ると，まず職業名の性差別解消の動きが始まった．1980年代からそれまで女性名詞のなかった職業を表す名詞の女性名詞形成が盛んに行われた．名詞に文法的性がつきまとうスペイン語の場合，性なしの名詞表現は不可能なので，性の無差別化ではなく，男性名詞から新しい女性名詞を派生させる方法，いわば性の対等化が行われた．アカデミア（スペイン学士院，RAE）も積極的にこの方針を推進し，新しい女性名詞の語形をその辞典に収録するようになった．

語彙面におけるもう一つの動きは，スペイン語に本来備わっている男性優位の原則を変えようとするものである．スペイン語では有生物を表す男性名詞は男性の個体を表すだけでなく，女性を含むその種全体も表すことが可能である．すなわち，男性名詞と女性名詞がペアとして存在する場合，男性名詞複数形は，男性の集合だけではなく女性を含む集合を示すことができる．例えば，los niños は「男の子たち」だけではなく，「（女子を含む）子どもたち」も意味する．これに対し las niñas は「女の子たち」だけを表す．この原則は異語源同類語の場合にも及ぶ．例えば，padre「父」と madre「母」は対立するペアであるが，padres は「父親たち」だけではなく，「両親，親たち」の意味も表す．つまり，有生物の男性名詞は包括的な無標形式であるのに対し，対応する女性名詞は有標形式である．この現象は代名詞でも同様で，人称代名詞1人称複数 nosotros「私たち」は男性のみの集合または男女を含む集合を指すのに対して，nosotras は女性のみの集合を指す．2人称複数 vosotros / vosotras，3人称複数 ellos / ellas も同様である．複数形の場合だけでなく，単数のままで男性名詞が男女を包括する意味を持つ場合もある．hombre は mujer「女」と対立して「男」の意味を持つほかに「人間」一般も表す．

El hombre es un ser social por naturaleza. 人間は本来社会的存在である．

近年，このような性の不均衡を解消しようとする包括語法の試みがいくつか試みられた．主な方策は次のとおりである．

9. 名詞の性

1）男性名詞の総称的用法を避けて女性名詞も等位接続で併記する．

　　los alumnos（生徒たち）> los alumnos y las alumnas，todos（皆さん）
　　> todos y todas，señores（皆様）> señoras y señores

2）性別を示さない集合名詞を用いる．

　　los alumnos > el alumnado（生徒），los profesores > el profesorado（教
　　師たち），los niños > la infancia（幼児たち），los ciudadanos > la
　　ciudadanía（市民），los hombres > la humanidad（人類）

3）書記上で性標識となる語尾の代わりに "@"（arroba，アットマーク），
　　"x" または "/"（barra，スラッシュ）で置き換える．

　　l@s alumn@s，lxs alumnxs，los/las alumnos/as

4）典型的な男性語尾 -o および女性語尾 -a を避けて語尾 -e で置き換え
　　る．

　　les alumnes, todes, todos los chicos > todes les chiques, el /ella > elle

　これらのうち1）-3）は，文法的性はそのままとして性別を対等化または
無差別化しようとする方法である．ただし，3）はあくまで書記言語（lenguaje
escrito）上の工夫で，インターネット上ではよく使用されるが，どう発音す
るかは定まっていない．つまり，口頭言語（lenguaje hablado）としては成り
立たない．最後の4）は人工的な語尾を創出して新語を形成し，性の中立化
を図るものである．アカデミアは1）-2）は容認するが，男性複数形が男女
を包括する形式であることは文法上の問題であり，性差別の問題と絡めるべ
きではないとする．当然3）-4）は認めない．4）は南米，特にアルゼンチ
ン，ウルグアイ，チリなどで一定の支持者がいる．奇抜だが究極的な解決策
であると言えなくもない．しかし，スペイン語固有の文法に異質の人工的な
改造を加えようとするものであるから定着するとは考え難い．

9.9. 性の異なる多義語

　名詞の中には同じ語でありながら多義的（polisémico）で，性によって意味
が異なるものがある．主要なものは次のとおりである．

　　aleluya（m. ハレルヤ唱，f. 宗教画，二行連句），capital（m. 首都，f. 資
　　本），clave（m. チェンバロ，f.（謎を解く）鍵），cólera（m. コレラ，f. 怒
　　り），cometa（m. 彗星，f. 凧），cura（m. 司祭，f. 治療），doblez（m. 折

－39－

り目，f. 二枚舌），editorial（m. 社説，f. 出版社），final（m. 終わり，f. 決勝戦），frente（m. 正面，f. ひたい），génesis（m. 創世記，f. 起源），margen（m. 余白，f. 川岸），orden（m. 順序，f. 命令），pendiente（m. イヤリング，f. 坂）

人を表す場合は性共通で，事物を表す場合は女性または男性となって対立する多義語もある．

guarda（m. / f. 番人，f. 保護），guardarropa（m. / f. クローク係，m. クローク），guardia（m. / f. 警備隊員，f. 警備），policía（m. / f. 警官，f. 警察）

専門分野を表す語が女性で，同じ語がその分野に従事する人を表し，その場合は男性・女性で語尾交替する場合もある．なお，pl. は複数形を示す．

física（f. 物理学）/ físico~física（m. ～ f. 物理学者），matemáticas（f.pl. 数学）/ matemático ～ matemática（m ～ f. 数学者），música（f. 音楽）/ músico~música（m. ～ f. 音楽家），política（f. 政治）/ político ～ política（m. ～ f. 政治家）

語形が同じで性が異なる点では似ているが，上記のような多義語ではなく，語源が異なる同形異義語（homónimo）もある．

coma（m. 昏睡 / f. コンマ），corte（m. 切断 / f. 宮廷），haz（m. 束 / f. 顔），moral（m. クワの木 / f. 道徳），papa（m. 教皇，パパ / f. ［イスパノアメリカ］ジャガイモ），pez（m. 魚 / f. ピッチ，タール），radio（m. 半径 / m. ラジウム / f. ラジオ（< radiodifusión））

9.10. 性不定名詞

名詞の中には男性としても女性としても用いられ，意味が変わらないものが少数ある．これは性不定名詞（sustantivo ambiguo en cuanto al género）と呼ばれる．その多くは歴史的に性が変化したにもかかわらず，それがまだ完全には定着していない名詞である．このため話し言葉での動揺，文学での古風な語法，地域による変異などの現象が発生する．一部は外来語で，性が確定していない場合も含まれる．性不定名詞の大部分は無生名詞で，人間・動物を表す名詞はまれである．実際には語によって性不定の状況に相違がある．

A. 性が固定化する傾向のある名詞

辞書・文法書では性不定と記述されていても，現在では男性か女性のどち

9. 名詞の性

らかにほぼ決着がつくか，どちらかが優勢になっているものも少なくない．

《男性が優位の名詞》acmé（絶頂期），agave（リュウゼツラン），aguafuerte（エッチング），anatema（破門），aneurisma（動脈瘤），apocalipsis（黙示録），azud（灌漑用水車），calor（暑さ），cánnabis（大麻），color（色），detonante（爆薬），enzima（酵素），fantasma（幽霊），fueraborda（船外機，船外機付きの船），interrogante（疑問点），magneto（マグネト発電機），mimbre（柳の小枝），monzón（モンスーン），nomeolvides（ワスレナグサ），puente（橋），tizne（すす），vinagre（酢），vislumbre（かすかな光），vodka（ウオツカ）

《女性が優位の名詞》armazón（枠組み），babel（大混乱），chinche（ナンキンムシ），cobaya（テンジクネズミ），dote（持参金），enzima（酵素），interfaz（インターフェイス），interviú（会見），invariante（不変数），pelambre（多毛），vertiente（斜面）

B. 現在でも性不定の名詞

現在もなお性不定名詞と言える代表的なものを次に例示する．これらの語の多くは性に関して特異な語法上の変異を示す（Martínez de Souza, 2001, RAE, 2005, Seco, 2011 による）．

ánade（カモ）── 本来は女性名詞だが，現在では男性扱いが普通である．しかし，性共通名詞としても用いられ，雌を指す場合は女性扱いとなる：el ánade blanca（白いカモ）．語頭が強勢のある a- であるため単数定冠詞は el が付くが，特に雌を指す場合は la を付けることもある：la ánade

arte（芸術，技芸）── 単数では男性，複数では女性となるのが普通：el arte moderno（近代芸術）/ las bellas artes（美術）．特定の形容詞がついて「技法」の意味になる場合は単数でも女性となる：el arte poética（詩法）．いずれにせよ語頭が強勢のある a- なので単数の場合，直前の定冠詞は el となる．

azúcar（砂糖）── 単数では男性となることが多いが，形容詞で修飾されると女性となることが多い：el azúcar / el azúcar molida（粉砂糖）．特異なのは，後の例のように女性になる場合，azúcar が強勢のある a- で始まっていないにもかかわらず定冠詞は el とするのが慣用となっていることである．複数の場合は形容詞の有無にかかわらず男性となることが

── 41 ──

多い：Los azúcares se convierten en grasa.（砂糖は脂肪に変わる）

bajante（排水管）—— 男性・女性どちらでも用いる．アメリカスペイン語では「水位低下」の意味もあり，その場合は女性．

canal（運河，枝肉）——「運河，チャンネル」の意味では通常は男性である．「枝肉，雨どい」の意味では女性になることが多い．「(港の)水路」の意味では男性・女性どちらでも用いられる．

mar（海）—— 通常は男性であるが，詩など文学では女性となることが多い：La mar estaba serena.（海は穏やかだった）．海事用語では女性となるのが普通で，また形容詞が付くと女性になりやすい：alta mar（外洋），mar territorial（領海）/ mar picada（荒海），mar montañosa（山のようなうねり）

maratón（マラソン）—— 本来は男性であるが，現在では carrera maratón / prueba maratón（マラソン競争・レース）という連語の影響で女性としても用いられる．アルゼンチンでは女性が普通．

miasma（瘴気）—— 主に複数で用いられる．本来は男性であるが，語尾-a の影響で女性扱いも少なくない．

prez（栄光）—— 文章語であり，本来は男性であるが，女性名詞 preces（祈願）などの影響がおそらくあって女性としても用いられ，それが広がっている．

pringue（肉から出る脂）—— 男性・女性どちらでも用いられ，一定していない．

terminal（端末，ターミナル）——「端子，端末」の意味では男性が優位である．一方，「ターミナル」の意味では女性が優位であるが，ラプラタ地域を除く南米では男性が普通である．

testuz（動物の額）—— 本来は男性であるが，現在では女性として用いられることもある．

C. 地域的な性の変異

地域によって性の相違が見られる場合もある．特にスペインとイスパノアメリカで性が異なる場合が多い．イスパノアメリカ内部でも地域により相違が見られることがある（Martínez de Souza, 2001, RAE, 2005, Seco, 2011 による）．

caparazón（甲羅）—— スペインでは男性が普通であるが，イスパノアメリ

カ，特にラプラタ地域では女性が普通．sazón（成熟），hinchazón（腫れ）など一連の女性名詞の影響と見られる．

dinamo / dínamo（発電機）── スペインでは女性，アルゼンチン，キューバなどを中心にイスパノアメリカでは男性．

lente（レンズ）── スペインでは女性，イスパノアメリカでは男性が優位．ただし，複数 lentes で「眼鏡」の意味になると，両地域とも男性．

pijama / piyama（パジャマ）── スペインでは男性，ラプラタ地域も同じであるが，その他のイスパノアメリカ地域では女性．

pus（膿）── スペインなど多くの地域では男性であるが，スペインの口語，メキシコと中米では女性としても用いられ，チリでは女性．

radio（ラジオ）── ラジオ「放送」の意味でも「受信機」の意味でもスペインでは女性，「放送」の意味ではイスパノアメリカでも同様であるが，「受信機」の意味ではでは男性が優位．

reuma /reúma（リューマチ）── スペイン語圏の大部分で男性が優位であるが，メキシコでは女性．

samba（サンバ）── スペイン語圏の大部分では女性であるが，アルゼンチンとキューバでは男性が普通．

sartén（フライパン）── スペインでは女性であるが，スペインの一部とイスパノアメリカでは男性が優位．

sauna（サウナ）── スペインでは女性であるが，イスパノアメリカでは男性が優位．

tanga（ビキニの水着）── スペインでは男性が優位，イスパノアメリカの大部分では女性．

tiroides（甲状腺）── スペインでは男性が優位であるが，イスパノアメリカでは女性が普通．

9.11. 外来語の性

外国語から名詞を借用する際，スペイン語ではその性をどのように定めるかという問題が生じる．古い時代の借用語は別として，近代の借用語についてはおおむね次のような原則が観察できる．フランス語は fr.，イタリア語は it.，英語は ing.，日本語は jp と略記する．

Ⅱ．名詞および名詞句

1）フランス語・イタリア語など性の範疇を持つ言語からの借用語は，その言語の性に従う．

> ballet m. (fr. > バレエ)，sofá m. (fr. > ソファー)，gripe f. (fr. > インフルエンザ)，ópera f. (it. > オペラ)，pizza f. (it. > ピザ)

2）英語・日本語など性範疇のない言語からの借用語は男性となる．

> bistec m. (ing. > ビフテキ)，dron m. (ing. > ドローン)，ikebana m. (jp. > 生花)，manga m. (jp. > 漫画)，mitin m. (ing. > 政治集会)

ただし，その語の語尾の形態あるいはスペイン語の類義語からの類推で女性となることもある．

> catana f. (jp. > 日本刀，曲刀)，tempura f. (jp. > 天ぷら)，internet f. (ing. > インターネット，red (f. 網) からの類推)，web f. (ing. > ウェブページ，malla (f. 網目) からの類推)

3）人を表す名詞は，借用元の言語にかかわりなくその指示対象の意味に応じて性別と一致させるか，または性共通名詞となる．

> samurái m. (武士)，geisha f. (芸者)，karateka m. / f. (空手家)，chófer m. / f. (運転手)，máster m. / f. (修士)

なお，外来語の性の問題については本シリーズ第 2 巻 (§13.3) 参照．

9.12.　固有名詞の性

A．有生物の固有名詞

固有名詞の性は，大別すると有生物と無生物で扱いが異なる．人名のように有生物に付けられた固有名詞は，その指示対象の性別に応じて文法的に男性か女性として扱われる．つまり，男の名前なら男性，女の名前なら女性として扱われる．形容詞が主語名詞の性に呼応している例を次に示す．

> Roberto es *mexicano*. ロベルトはメキシコ人だ．

> Amparo es *aplicada*. アンパロは勤勉だ．

B．無生物の固有名詞

無生物を表す固有名詞は，その語尾の形態により性が決定される場合とそれが所属する地理的分野によって性が決まる場合がある．国，地域および都市の地名は，形態によって決まる場合が多く，語尾が -a で終わっていれば女性，それ以外は男性扱いになるのが普通である．

— 44 —

9. 名詞の性

Argentina está *ubicada* en el extremo sur de América del Sur. アルゼンチンは南米の南端に位置している.

La Europa *moderna y contemporánea* se inicia convencionalmente con la invasión de Constantinopla por parte de los turcos. 近現代のヨーロッパは慣習的にはトルコ人のコンスタンティノープル侵略から始まるとされる.

Japón está *rodeado* por los mares. 日本は海に囲まれている.

Madrid está *integrado* en este proyecto junto con Cambridge, Stuttgart y Estocolmo. マドリードはケンブリッジやシュトゥットガルト, ストックホルムとともにこの計画に加わっている.

ただし, 都市名はその語彙分野の上位語 (hiperónimo) である ciudad (都市) が女性名詞であることから, 語尾が -a でなくても女性として扱われることがある.

Su fama se extendía por *toda* Toledo. 彼の名声はトレド中に広がっていた.

それ以外の地名, 海・山・川・湖・島などは, それが属する地理的分野の上位語である普通名詞の性に対応するのが原則である. すなわち, 大洋 (océano), 海 (mar), 山 (monte), 火山 (volcán), 川 (río), 湖 (lago) は男性, 島 (isla), 半島 (península) は女性となる. 例えば, *el* océano Atlántico (大西洋), *el* mar Cantábrico (カンタブリア海), *el* monte Olimpo (オリンポス山), *el* volcán Llullaillaco (ユーヤイヤコ火山), *el* río Tajo (タホ川), *el* lago Maracaibo (マラカイボ湖), *la* isla Trinidad (トリニダー島), *la* península Escandinava (スカンジナビア半島)

組織・団体を表す固有名はその統語構造上で主要部となる名詞の性に従う. 例えば, Unión Europea (UE, 欧州連合) は主要部 unión の性により女性, Partido Socialista Obrero Español (PSOE, スペイン社会労働党) は同じく partido の性により男性である.

サッカーなどのクラブ名は男性となるのが普通である. 上位語の club (クラブ) が省略されていると考えられる : *el* Atlético de Madrid (アトレティコ・マドリード), *el* Barcelona (バルセロナ), *el* Real Madrid (レアル・マドリード), *el* Liverpool (リバプール), *el* Paris Saint-German (パリ・サンジェルマン)

固有名に付く定冠詞の問題は定冠詞の項 (§26.6) でも取り上げる.

— 45 —

Ⅱ. 名詞および名詞句

<参考2> 印欧諸語の性

　ユーラシア大陸の西にあるポルトガル語・スペイン語から東にあるヒンディー語・ベンガル語などを含む印欧語族は共通の祖先から分化したものと推定されており，その共通の祖先と仮定されるものは印欧祖語（protoindoeuropeo）と呼ばれる．印欧祖語では古典語のラテン語，ギリシャ語，サンスクリット語と同じく3性（男性・女性・中性）を持っていたと推定されている．性という文法範疇を持つのは，この語族の重要な特徴の1つである．しかし，この語族に属しながら歴史的変化とともに性を失ってしまった言語もある．例えば，ゲルマン語派の英語やアフリカーンス語，アルメニア語派のアルメニア語，イラン語派のペルシャ語やクルド語，インド語派のベンガル語やオリヤー語などである．性は，成立した当時は一定の根拠を持つ分類であったはずであるが，後世に至るとそのよって立つ根拠は不明確となり，言語ごとに異なる文法上の慣習として維持されてきた．前記のような印欧諸語の中で性を失った言語を見ると，音韻変化が著しく，性の標識が現れることの多い名詞語尾が消失したこと，歴史的に他言語との接触が頻繁だったことなどが共通しているようである．

　ゲルマン語派を見ると，英語と同じ西ゲルマン語群のドイツ語は3性を保っているが，同系で隣接するオランダ語では男性と女性が合流して通性（または共性，género común）と呼ばれ，これに中性が対立する2性の体系となっている．北ゲルマン語群の中ではスウェーデン語とデンマーク語がやはり同様の2性体系となった．ノルウェー語には2種類の変種があり，デンマーク語の影響を強く受けたブークモールは2性であるが，農村部に残るニーノルスクは3性を維持している．保守的な特徴を保つアイスランド語も3性を保っている．

　ロマンス諸語の祖語であるラテン語は3つの性を持っていたが，スペイン語，ポルトガル語，フランス語，イタリア語など現代のロマンス諸語の多くは歴史的変化の過程で中性を失って，男性・女性の2つの性に縮小した．中性名詞は形態的に男性名詞と類似していたので中性名詞の大部分は男性に合流し，一部は女性名詞に移行して消滅した．ルーマニア語は例外的に3つの性を保っているが，中性名詞とされるものは単数では男性，複数では女性として扱われるので，両性（ambigenérico）と呼ばれることもある．

― 46 ―

10. 名詞の数

10.1. 数の範疇とその機能

　数（すう，número）は名詞の指示対象の数（かず）を表示する文法範疇である．名詞の数は形容詞・限定詞・代名詞および動詞に呼応を引き起こすため，これらの語類にも数の範疇が関わる．

　名詞の数は性とともに形容詞・限定詞に呼応を引き起こして名詞とこれらの語との統語関係の表示に関与するほか，名詞と代名詞の指示関係を明らかにする機能を果たす．また，名詞が主語となる場合，名詞の数は動詞との主述関係を明らかにするのにも役立つ．名詞と直示的な代名詞（人称代名詞，指示代名詞）にとって数は固有の意味的特徴となるが，形容詞，限定詞，動詞などその他の語類にとっては呼応によって現れる文法的特徴に過ぎない．

　スペイン語の数には単数（singular）と複数（plural）の区別がある．意味的に単数は1つの個体を表示し，それ以外の場合は複数となる．したがって，複数は同一の種類に属する2つ以上の個体を表すのが原則である．単数は数の対立において無標の項であり，形態的な標識を持たない．これに対し複数は有標の項で，それを示す形態的な標識を持つ．

10.2. 可算名詞と不可算名詞

　文法的な数の観点から見ると，普通名詞は可算名詞と不可算名詞に大別することができる．可算名詞は単数形と複数形を持ち，語形変化をするが，不可算名詞は単数形のままで変化しない．

　1）可算名詞（nombre contable）── 数えることのできる個体を指す名詞で，個体に分離できるゆえに不連続名詞（nombre discontinuo）と呼ぶこともある．例えば，amigo（友人），mesa（テーブル），edificio（建物），árbol（木），empresa（企業）など．指示対象の数に応じて複数形になり，数詞または不定の数を表す数量詞で修飾することが可能である：una

― 47 ―

II．名詞および名詞句

mesa（1つのテーブル），dos sillas（2つの椅子），muchos platos（たくさんの皿）

2）不可算名詞（nombre no contable）── 数えられない物質や抽象的概念を指し，個体に分離できないので連続名詞（nombre continuo）とも呼ばれる．例えば，agua（水），aire（空気），café（コーヒー），viento（風），realidad（現実）など．通常は単数形で用いられ，原則として数量詞で修飾することはできない．しかし，不定の量を表す数量詞で修飾することは可能である：mucho pan（たくさんのパン），poca sabiduría（乏しい知識），bastante dinero（十分なお金）

可算名詞と不可算名詞の区別は，その言語に特有の慣習的なものであり，名詞が指す事物の本質によって定まっているわけではない．このため，スペイン語の中でも名詞の現れる文脈によりその区別が変動することがある．言語の表現上で不可算名詞が数えられるものとして扱われることはめずらしくない．代表的な場合は次のとおりである．

1）物質名詞の可算名詞化 ── 物質を表す名詞が計量可能なものとして個別化した場合，可算名詞扱いとなることがある．

　　Hemos pedido dos *cafés*. 私たちはコーヒーを2杯注文した.

　　Se dice que en Francia se podría comer *un queso* diferente. フランスでは毎日違った種類のチーズを食べることも可能だと言われている.

　　前の文では，食品の種類を表す不可算名詞 café（コーヒー）がカップに入った具体的な食品の一定量を指し，可算名詞化している．後の文のqueso（チーズ）も本来は不可算名詞であるが，種類の異なるチーズを表し，個別化されている．

2）抽象名詞の可算名詞化 ── 抽象的概念を表す名詞の意味が具体化して個別的な出来事または出来事の累積を表すような場合．

　　El chico tiene *relaciones* con una muchacha que no le conviene. その少年は自分に似つかわしくない女の子と性的関係を持っている.

　　La literatura nos vacuna contra ciertas *realidades* terribles. 文学はいくつもの恐るべき現実に対して私たちに免疫を付けてくれる.

3）強意の複数（plural enfática）── 不可算名詞を複数にすることによって量的に多いことまたは程度が大きいことを強調する場合．

　　Entonces empezaron las *lluvias* torrenciales. そのとき土砂降りの雨が

－48－

降り出した.

"La casa del papel" de Carlos María Domínguez refleja los *fervores* y *pasiones* de los amantes de los libros. カルロス・マリーア・ドミンゲスの『紙の家』は愛書家の熱意と情熱を映し出している.

10.3. 複数常用名詞

可算名詞の中には常に複数形で用いるのが慣習になっているものがあり, 複数常用名詞 (pluralia tantum, nombre de plurales inherentes) または絶対複数と呼ばれる. この種の名詞が複数で用いられるのは, 文法的な慣習であり, その名詞が指す実体の性質とはあまり関係がない. この名詞のグループは, さまざまの意味分野にまたがっており, 具体的な物から抽象的な概念, 行為などを表すものまで多様である.

《場所》afueras (郊外), andurriales (僻地)

《金額》arras (結納, 手付金), expensas (支出)

《道具》bártulos (道具), enseres (家財道具)

《断片の集合》añicos (破片), escombros (瓦礫)

《その他》anales (年代記), entendederas (理解力), entrañas (内臓, 心), exequias (葬儀), represalias (報復), tinieblas (暗闇), víveres (食糧)

形容詞から具体的な事物・行為を指す名詞に転用されたものもある.

comestibles (食料品), funerales (葬儀), honorarios (謝礼), modales (行儀作法), preliminares (予備交渉), preparativos (準備), útiles (道具)

以上のような複数常用名詞とは別に普通は単数形で用いられるが, 特定の意味の場合だけ複数形となる名詞もあり, その数は非常に多い. 一般に複数では具体的な物や行為を指す意味となる.

alrededor (周囲) / alrededores (近郊), bien (善) / bienes (財産), cariño (愛情) / cariños (愛情表現), celo (熱心) / celos (嫉妬), cercanía (近接) / cercanías (付近, 近郊), manera (方法) / maneras (態度), maña (器用さ) / mañas (狡猾さ), medio (中間) / medios (手段, 環境), recuerdo (思い出) / recuerdos (よろしくとの伝言), resto (残り) / restos (遺体, 廃墟), ruina (崩壊) / ruinas (廃墟), trasto (がらくた) / trastos (所有物)

Ⅱ. 名詞および名詞句

10.4. 二重の物および対の人・物を表す複数

　名詞の中には2つの部分から成り立っている物，または一対の人や物を表すため通常複数形で現れるものがある.
A. 二重物体名詞
　2つの部分または部品から成り立っている物品を表す名詞は複数形が慣用となっているものが多い. これを二重物体名詞 (nombre de objetos dobles) と呼ぶ.

> alicates (ペンチ)，anteojos (眼鏡)，esposas (手錠)，gafas (眼鏡)，
> grillos (足かせ)，pinzas (ペンチ)，tirantes (サスペンダー)

　この種の名詞の中には普通は複数形で用いられるが，ときには単数形で用いられるものもある.

> braga / bragas (パンティー)，calzón / calzones (トランクス)，pantalón /
> pantalones (ズボン)，tenaza / tenazas (やっとこ)，tijera / tijeras (はさみ)

B. 対を表す名詞
　通常1対で用いられる物品または自然界で1対となっているものを表す名詞は，複数形を用いるのが慣用である. ただし，そのうちの1個だけを問題にするときは単数形が用いられる.

　1）通常1対で用いられる物品

> calcetines (靴下)，esquíes (スキー板)，gemelos (カフスボタン)，
> guantes (手袋)，medias (ストッキング)，patines (スケート靴)，
> pendientes (イヤリング)，zapatos (靴)

　2）1対となっている身体の部分

> brazos (腕)，codos (ひじ)，hombros (肩)，manos (手)，nalgas
> (尻)，ojos (目)，orejas (耳)，pies (足)，piernas (脚)，pulmones
> (肺)，riñones (腎臓，腰)，rodillas (ひざ)
>
> 　このグループには単数でも用いられ，ときに複数となる名詞も含まれる：espalda / espaldas (背中)，nariz / narices (鼻)

　以上2つのグループは通常の場合，2つの部分によって構成される集合を表すので語彙的両数 (dual léxico) と呼ばれることがある.

　3）1対の人を表すもの —— 親族名称など人を表す名詞の中には男性複数形で男女のペアを表す場合がある.

—50—

10. 名詞の数

abuelos（祖父母），esposos（夫妻），padres（両親），tíos（おじ夫婦），
reyes（国王夫妻）

以上の名詞のうち，物品を表すグループは 1 個のもの，または 1 対のもの
であるのか，数個または数対であるのか，形式上はどちらも複数形であるた
めに区別がつかない：unas gafas（1 個の眼鏡 / 数個の眼鏡）．その区別は文
脈で判断されることになる．

Tus *gafas* están en la mesa. 君の眼鏡はテーブルの上にある．（通常は 1
個の眼鏡）

En este mercado se venden *gafas de sol*. このマーケットではサングラス
を売っている．（通常は多数の眼鏡）

人のペアを表す名詞も男女のペアであるのか，男性のみの複数であるのか
は文脈によって判断される．

Hace mucho que no veo a los *padres* de mi marido. かなり前から私は夫
の両親に会っていない．

Las empresas deberían crear las condiciones para que también los *padres*
puedan ocuparse de sus hijos. 企業は父親たちも子供の世話をできるよ
うな状況を作り出すべきだろう．

＜参考３＞　世界的に見た性と数

　数は日本語にない文法範疇である．数を持つ言語はスペイン語のように単
数・複数の 2 種類を区別するものが多いが，言語によっては 2 つのものを表
す両数（双数，dual），まれには三数（trial）あるいは少数（paucal）の範疇を持
つものもある．印欧祖語には両数があったと推定されており，サンスクリッ
ト語や古典ギリシャ語にも存在した．ただし，ギリシャ語の両数は目，手，
足など対になっているものを表す名詞に用いられるが，二つのものならかな
らず両数になるわけではなかった．両数は古典時代からすでに衰退しつつあ
り，コイネー時代以降は消滅した．ラテン語は古い時代からすでに両数を
失っていた．

　スペイン語を含むインドヨーロッパ語族の言語は名詞に性とともに数の文
法範疇を持つのが特徴である．世界の言語を見わたすと，数は性または名詞
類と密接な関係があると見られ，文法的な性（名詞類）を持つ言語は数も合
わせて持っていることが多い．一方，日本語は性も数も持っていない．日本

—51—

II. 名詞および名詞句

語の周辺にあるアイヌ語，朝鮮語，中国語はいずれも名詞に数の範疇がない．これらの言語はそれぞれ系統が異なり，親縁関係はないが，数の範疇を持たない言語は系統の相違を超えて，地理的な偏りが強いようである．東アジア，東南アジア，オセアニアと南米の大部分では数を持たない言語が多い．数を持たないというのは数を示す表現手段がないわけではなく，名詞にかならず数の区別が明示されることはないという意味である．

　日本語のように文法的数のない言語は，性もないのが普通である．その代わり，ものを数えるときに助数詞を用いる現象がよく見られる．助数詞とはものを数えるときに数詞の後に付ける付属語で，名詞の種類によって対応する形式が異なる．日本語では人を数えるときは「ひとり，ふたり」，犬や猫は「1匹，2匹」，鳥は「1羽，2羽」，家は「1軒，2軒」，自動車は「1台，2台」というように名詞の種類によって助数詞が変わり，200種類以上あると言われる．助数詞は名詞の種類によって使い分けられる名詞の類別詞（clasificador）の1種である．松本（2007: 121）によると，日本語の名詞の意味は総称的または集合的であり，数詞を付ける場合は名詞の種類に応じた助数詞（類別詞）が選ばれ，名詞が個別化されると言う．

　世界の言語にはスペイン語のように性・数を区別する名詞類別型と日本語のように数詞を付ける際に名詞を分類する数詞類別型がある（松本，op.cit.: 112-122）．数詞類別型の言語は東アジアの日本語，アイヌ語，ギリヤーク語，朝鮮語，中国語など，東南アジアのベトナム語，ラオ語，タイ諸語などのほか，インドネシア，ミクロネシア，北米北西部，メソアメリカ，南米の諸言語の中に現れると言う．

— 52 —

11. 名詞の種類

11.1. 普通名詞と固有名詞

　伝統的に名詞は普通名詞と固有名詞に二分される．普通名詞（nombre común）は人間，生物，物事などあらゆる個別の事物（entidad）を分類し，その種類全体を指すものである．例えば，madre（母），perro（犬），árbol（木），agua（水），mano（手），comida（食事），campo（野原），verano（夏），idea（考え），esperanza（希望）など．重要なことは，普通名詞はある種類全体を指すものであって，個別の事物を指すわけではないということである．

　これに対し固有名詞（nombre propio）は人名，地名，組織名など唯一の特定された個別のものを指す名称である：Julio［男子名］，Teresa［女子名］，Iglesias［姓］，México［国名］，Sevilla［都市名］，el Atlántico［海洋名］，Toyota［企業名］など．正書法ではその頭文字を大文字で書くのが慣習である．伝統的には，固有名詞はそれが何と呼ばれるかを示す命名の機能を果たすだけで，意味を持たない名詞とされる．このため，成句の一部となる場合を除きスペイン語の辞書では載せないのが慣例だった．現在でもアカデミア辞典を始めとするスペイン語圏の一般的な辞典では固有名詞を載せていない．固有名詞についてはさらに§12でも取り上げる．

11.2. 個体名詞と集合名詞

　普通名詞は可算名詞と不可算名詞に分けられるが，可算名詞はさらに個体名詞と集合名詞に分類することができる．個体名詞（nombre individual）とは個別の人や生物，物事を表す名詞で数の変化をする．これに対し，集合名詞（nombre colectivo）は単数形のままで人や生物，物事の集合を表す．

　　《個体名詞》hombre（人，男），alumno（生徒），familiar（家族（の一員）），oveja（羊），vaca（雌牛），árbol（木），hoja（葉），barco（船）
　　《集合名詞》gente（人々），alumnado（生徒たち），familia（家族（全員）），

Ⅱ. 名詞および名詞句

muchedumbre (群衆), multitud (群衆), clientela (顧客), rebaño (羊
の群れ), vacada (牛の群れ), flota (船団), hojarasca (枯れ葉)

個体名詞と集合名詞の区別は言語上の慣習として定まっているが, スペイ
ン語の集合名詞にはそれに特有の接尾辞を伴うものが多数見られる. 代表的
な接尾辞は -ada, -ado, -al, -ar, -eda, -edo, -ería, -erío, -ío などである. 例えば,
muchachada (子どもたち), profesorado (教師たち), arrozal (稲田), manzanar
(リンゴ畑), arboleda (木立), robledo (オーク林), tubería (配管), caserío
(集落), cabrío (ヤギの群れ)

集合名詞の中で生物を表す名詞の大部分は前述の両性通用名詞である. そ
の性は, 構成員の実際の性別とは無関係である. 例えば, 上記の集合名詞の
うち人間を表す名詞は, 男性 (alumnado, profesorado) または女性 (gente,
muchedumbre) に分かれているが, その構成員は男女どちらも含まれる. と
きには文法性と意味上の性別が相反することもある：el mujerío (m. 女性た
ち), la torada (f. 雄牛の群れ)

11.3. 具体名詞と抽象名詞

普通名詞はまた意味的な観点から具体名詞と抽象名詞に分類することがで
きる. 具体名詞 (nombre concreto) は具体的で知覚可能な人や生物, 物を指
示対象とする名詞であるのに対して, 抽象名詞 (nombre abstracto) は感覚に
よっては把握できない非物質的で観念的なことを指示対象とし, 行為や現
象, 性質, 状態などを表す名詞である. しかし, 両者の区別は意味的な問題
なので, その境界を明確に分けることはできない. 以下, 若干の例を示す.

《具体名詞》agua (水), animal (動物), camisa (シャツ), joven (若者),
libro (本), mesa (テーブル), piedra (石), planta (植物), silla (椅
子), río (川), tierra (陸, 地面), voz (声)

《抽象名詞》alegría (喜び), belleza (美しさ), bondad (善良さ), ciencia
(科学), idea (考え), información (情報), juventud (青春), nacimiento
(誕生), novedad (新しさ), paciencia (忍耐), pensamiento (思想)

具体名詞の多くは可算名詞であるが, 不可算名詞も含まれる. これに対し
抽象名詞は原則として不可算名詞である. しかし, 抽象名詞でも具体的な行
動を示したり, 指示対象が個別化されたりすると可算名詞になることがあ

— 54 —

る. 以下にその例を示す.

actos delictivos（犯罪行為）, *dificultades* técnicas（技術的な難点）, una serie de *informaciones*（一連の情報）, la diversidad de *opiniones*（意見の多様性）, por *razones* de seguridad（安全上の理由で）, sus *virtudes* y *deficiencias*（彼の長所と短所）

11.4. 有生名詞と無生名詞

普通名詞はやはり意味的観点から有生名詞と無生名詞に分類することができる. 人間, 動物または人格があると見なされる存在は有生物であり, これを表す名詞を有生名詞と言う. 有生物と見なされないものは無生物であり, これを表す名詞を無生名詞と言う. 若干の例を示す.

《有生名詞》ángel（天使）, diablo（悪魔）, dueño（持ち主）, niño（男の子）, perro（犬）, rey（国王）

《無生名詞》escuela（学校）, flor（花）, máquina（機械）, reunión（会議）, sociedad（社会）, viaje（旅行）

性共通名詞と両性通用名詞になるのは有生名詞に限られる. また, 有生名詞と無生名詞の区別はいくつかの文法現象とかかわりを持つ. 例えば, 次の2つの文の主語を明示的な主語の代名詞で置き換えると,

El invitado llega esta tarde. 招待客は今日の午後到着する.

El avión llega esta tarde. 飛行機は今日の午後到着する.

有生名詞, とりわけ人は人称代名詞となる.

Él llega esta tarde. 彼は今日の午後到着する.

しかし, 無生名詞を人称代名詞で置き換えるのは不可で, 指示代名詞で示されることになる.

{*Este / Ese*} llega esta tarde. ｛これは / それは｝今日の午後到着する.

12. 固有名詞および固有名

12.1. 固有名詞および固有名の種類

　固有名詞の代表的なものは人名 (antropónimo) と地名 (topónimo) であるが，その他に組織・機関・団体，天体・星座，行事．建築物，書物，芸術作品などの名前も含まれる．これらの名前は単一の固有名詞だけでなく，複数の語から構成される語連接の構成をとるものも多い．どちらも機能的には同じなので，単一形式の固有名詞と複合形式の語連接の場合を含めて固有名 (denominación propia) と呼ぶことにする．

　A. 人名

　人名には人間に付けられるものの他に宗教や神話上の神，伝説上の人格，怪物などの名前も含まれる．

　　　　Alá（アラー），Buda（ブッダ），Cristo（キリスト），Júpiter（ユピテル），
　　　　Papa Noel（サンタクロース），Quimera（キメーラ［火を吐く怪獣］）

　また，人につけられる愛称 (hipocorístico)，あだ名・ニックネーム (apodo) や異名 (alias) もある．スペイン語の人名は「名（洗礼名）＋姓」で構成されるが，愛称の典型的なものは洗礼名から派生する通常2音節程度の形式である．例えば，［男子名］Antonio > Toni, Francisco > Paco, José > Pepe；［女子名］Concepción > Concha, Pilar > Pili, Teresa > Tere

　B. 地名

　地名は国，州，市町村などの地域や海洋，島，山，川などの地形に付けられる名前である．次にその一部の例を示す．

　　　　《大陸》África（アフリカ），América（アメリカ），Antártida（南極大陸），
　　　　　　Eurasia（ユーラシア），Oceanía（大洋州）

　　　　《国・地域》Chile（チリ），España（スペイン），Francia（フランス），
　　　　　　Indonesia（インドネシア）；Cataluña（カタルーニャ），Chiapas（チアパス）；el Ártico（北極地方）

　　　　《都市》Nueva York（ニューヨーク），Londres（ロンドン），Madrid（マ

— 56 —

12. 固有名詞および固有名

ドリード)，Estambul（イスタンブール)，Tokio（東京)

《海洋》el Báltico（バルト海)，Mar Caspio（カスピ海)，el Mediterráneo（地中海)，Océano Austral（南極海)，el Pacífico（太平洋)

《山岳》los Pirineos（ピレネー山脈)，los Andes（アンデス山脈)；Monte Kilimanjaro（キリマンジャロ山)，el Teide（テイデ山)，el Popocatépetl（ポポカテペトル山)

《河川》el Duero（ドゥエロ川)，el Ganges（ガンジス川)，el Guadalquivir（グアダルキビール川)，Río Bravo（ブラーボ川)，el Támesis（テームズ川)

地名の中には形容詞や同格名詞，前置詞句を含む語連接で構成されている固有名の場合もある.

Buenos Aires（ブエノスアイレス)，Estados Unidos（アメリカ合衆国)，Castilla la Mancha（カスティーリャ・ラ・マンチャ)，Trinidad y Tobago（トリニダード・トバゴ)，Papúa Nueva Guinea（パプア・ニューギニア)

同じく固有名の中には組織や地形を表す上位語の普通名詞に固有名詞や形容詞が加わって構成される語連接もある. 代表的なものは次のような構成をとる. どの場合も，後に来る固有名詞または形容詞は，頭字を大文字で書く. 定冠詞は後述のように省略されることもある.

1)「(定冠詞＋)普通名詞＋固有名詞」: el mar Caribe（カリブ海)，el lago Titicaca（チチカカ湖)，el monte Everest（エベレスト山)，el volcán Llullaillaco（ユーヤイヤコ火山)，el río Amazonas（アマゾン川)，las islas Vírgenes（ヴァージン諸島)

2)「(定冠詞＋)普通名詞＋形容詞」: la península Ibérica（イベリア半島)，las islas Baleares（バレアレス諸島)，el mar Negro（黒海)，el océano Índico（インド洋)，la cordillera Cantábrica（カンタブリア山脈)，el río Amarillo（黄河)

3)「(定冠詞＋)普通名詞＋de＋固有名詞」: el mar del Japón（日本海)，el volcán de Fuego（フエゴ火山)，el lago de Atitlán（アティトラン湖)，la isla de Pascua（イースター島)，la península de Yucatán（ユカタン半島)，la Comunidad Autónoma de Andalucía（アンダルシーア自治州)，el Estado de Jalisco（ハリスコ州[メキシコ])，la Provincia de Valladolid（バリャドリード県[スペイン])，la Ciudad de México（メキシコ・シ

—57—

Ⅱ. 名詞および名詞句

ティ）

これらの地名には異なる表記形式がある．普通名詞を含めて固有名扱いをする場合は定冠詞が省略され，それを構成する名詞・形容詞の頭字は大文字となる．

> Océano Atlántico（大西洋），Mar Muerto（死海），Sistema Bético（ベティコ山系），Sierra Nevada（シエラネバダ山脈），Monte Fuji（富士山），Península Indochina（インドシナ半島），Islas Galápagos（ガラパゴス諸島）

よく知られている海洋や島，山，川は，上位語の普通名詞が省略されることも少なくないが，その場合でも定冠詞はかならず維持される．

> el Atlántico（大西洋），el Mediterráneo（地中海），los Andes（アンデス山脈），los Pirineos（ピレネー山脈，el Himalaya（ヒマラヤ山脈），el Chimborazo（チンボラソ山），el Guadalquivir（グアダルキビール川），el Sena（セーヌ川）．

したがって，「太平洋」は次の3種類の表記が可能である：el océano Pacífico, Océano Pacífico, el Pacífico

同様に，「アマゾン川」も次のような表記が可能である：el río Amazonas, Río Amazonas, el Amazonas

C. 組織・団体名

組織・機関・団体・企業などグループを表す固有名は形容詞や前置詞句を修飾語として含む2語以上からなる語連接となることが多く，引用する際の煩雑さを避けるため通称として頭字語（sigla）が形成され，使用されることも頻繁である．こうした頭字語も固有名の一部を占める．

> Organización de Naciones Unidas > ONU（国際連合），Unión Europea > UE（欧州連合），Organización Mundial de la Salud > OMS（世界保健機関），Partido Socialista Obrero Español > PSOE（スペイン社会労働党），Movimiento Regeneración Nacional > MORENA（国民再生運動［メキシコの政党］）

固有名と冠詞との関係については後述の冠詞の項（§26.6）で再度取り上げる．

— 58 —

12.2. スペイン語の人名の構成

　日本語の人名は姓と名（めい）の2つの要素で構成される．スペイン語も同じだが，並ぶ順序は日本語とは異なり，英語，フランス語など多くの西欧の言語と同じく名，姓 (apellido) の順となる．名はスペイン語では洗礼名 (nombre de pila) あるいは単に名前 (nombre) と呼ばれるが，「洗礼名」と言うとキリスト教徒以外が除外されてしまう．しかし，単に「名」や「名前」では紛らわしいので，ここでは「個人名」と呼ぶことにする．

　スペイン語の姓の示し方で特徴があるのは，父親の姓，つまり父姓 (apellido paterno) と母親の姓，つまり母姓 (apellido materno) の2つからなることである．正式には両方とも名乗るが，略式の場合は父姓だけを名乗るのが普通である．しかし，父姓がありふれたものであるとか，個人的な事情などで母姓が通称として選ばれることもある．例えば，Federico (García) Lorca や Pablo (Ruiz) Picasso など．かつては父姓と母姓を接続詞 y でつなぐのが正式とされた：Santiago Ramón y Cajal．しかし，現在では接続詞を入れないで並置するのが普通である．伝統的には父姓・母姓の順に並べるのが正式とされてきたが，現在のスペインでは制度上父姓と母姓のどちらを先に置くか選択することが認められている．それでもまだ伝統的な順序が一般的である：Julio García Espinosa［名・父姓・母姓］．父姓または母姓が2つ以上からなる複合姓の場合もある．例えば，スペインの政治家 Pedro Sánchez Pérez-Castejón は母姓が Pérez-Castejón であるが，このようにどちらかが複合姓の場合はハイフンでつなぎ，父姓と母姓の切れ目を明示するのが慣習である．

父姓と母姓の2つを並べるのは西欧諸国では異例であるが，隣国のポルトガルも同様である．ただし，ポルトガル語圏（ポルトガル，ブラジル）ではスペイン語と順序が逆で，母姓・父姓の順である．

　姓に対し個人名も2つ以上付ける習慣がよく見られる．例えば，男子名 José Antonio, Juan Manuel, Roberto Carlos．女子名 Ana María, María José, María Teresa など．メキシコの政治家 Andrés Manuel López Obrador の姓名は Andrés Manuel が個人名，López が父姓，Obrador が母姓である．王侯貴族や名門の家族は個人名が複雑な場合が多い．スペイン国王 Felipe VI（フェリペ6世）のフルネームは Felipe Juan Pablo Alfonso de Todos los Santos de

Ⅱ. 名詞および名詞句

Borbón y Grecia であるが，最後の de Borbón y Grecia が父姓と母姓，その前の部分は個人名である．

スペインでは女性が結婚しても姓は変わらない．かつては既婚の女性は夫の姓を de でつなぐのが慣習であった．例えば，Ana María Martínez Ochoa が Juan Carlos Valera Rodríguez と結婚すると，フルネームは Ana María Martínez Ochoa de Valera と名乗り，敬称としては Señora de Valera（バレーラ夫人）と呼ばれた．この慣習は現在では廃れたが，中南米の一部の地域では今でも残っていることがある．また，夫の姓を自分の父姓の後に付ける習慣がある地域もあり，前記の例では Ana María Martínez Valera となる．

子どもは父親と母親の父姓をそれぞれとって継承するので，両親とは姓の一部が相違することになる．例えば，前記の夫婦に Arturo という男子が生まれたとすると，姓名は Arturo Valera Martínez となる．したがって，伝統的な名乗り方に従えば代々継承されて行くのは父親の父姓ということになる．

— 60 —

13. 名詞句

13.1. 名詞句の構成

　名詞句は名詞または代名詞を主要部として構成される句である．名詞句は一つの名詞または代名詞の主要部だけで構成されることもあるが，主要部の前または後に付属部としてさまざまの種類の句または節が置かれることもある．付属部となるのは限定詞，形容詞句，同格語，前置詞句および関係節である．

A.　名詞前の修飾語

　主要部の名詞の前に置くことができる付属部は限られており，一般に次のような語類または句で構成される．これらは名詞の修飾語（modificador）の機能を果たす．

　1）限定詞：　*un* estudiante ある学生

　2）数量詞：　*tres* niños 3 人の子ども

　3）形容詞句：las *fuertes* lluvias 激しい雨

B.　名詞後の補語と修飾語

　名詞の後に置くことができる付属部はもっと多様であり，一般に次のような句で構成される．

　1）形容詞句　　　　　：los turistas *mexicanos*　メキシコ人の観光客たち

　2）名詞句（同格語）：la fundación *Nobel*　ノーベル財団

　3）過去分詞句　　　　：un barrio densamente *poblado*　人口過密な地区

　名詞を修飾する過去分詞は形容詞の 1 種であると見なすことができるので，過去分詞句も広い意味では形容詞句の一部である．形容詞と過去分詞は主要部の名詞の性・数に呼応して語形変化する．

　4）関係詞＋不定詞構文：muchas cosas *que hacer* たくさんのやるべきこと

　名詞は関係代名詞 que で導かれる不定詞構文（construcción de infinitivo）によって修飾されることがある．この不定詞構文は「…すべき，…するはずの」のような前望的（prospectivo）あるいは将来的な意味を持つ．関係節の用

—61—

法には先行詞である名詞に対して制限的または限定的なものと非制限的または説明的なものがあるが，この que 関係節は常に制限的な意味である．

5）前置詞句：la lucha *contra el terrorismo* テロに対する戦い

名詞の付属部となる前置詞句を名詞の補語と呼ぶ．名詞の補語はさまざまの前置詞によって導かれるが，もっとも多く用いられるのは de である．どの前置詞が選択されるかは名詞によって決まっている場合もある．上記の補語もその例である．補語についてはさらに後で取り上げる．

6）関係節：un vídeo *que circula en la red* ネット上に出回っているある動画

　　　　una noticia *que circule en la red* ネット上に出回るようなニュース

関係節は前の例のように制限的用法の場合と後の例のような非制限的用法の場合がある．

7）同格節：la posibilidad *de que la reunión se celebre* 会議が開かれるという可能性

同格節は前置詞 de で導かれる前置詞句であるが，その被支配語が que で始まる名詞節となっているものである．これについては後述の同格の項でさらに取り上げる．

名詞句には代名詞を主要部とするものもあるが，名詞が主要部である名詞句と比べると，付属部にかなり制約がある．これについては代名詞の項（本シリーズ第 5 巻）で取り上げる．

13.2. 名詞の補語

名詞句の主要部である名詞の後に置かれる付属部の前置詞句を名詞の補語（complemento del nombre）と呼ぶ．補語の中には名詞によって意味的に要求されるものとそうではないものがある．意味的に要求されるものは項的補語（complemento argumental）とも呼ばれる．ただし，項的補語は常に表現されるわけではない．項的補語を取る名詞は動詞から派生したものが多い．動詞から派生した名詞は，派生元となる語基の動詞が取る統語要素の項（argumento）を引き継ぐのが普通である．項とは動詞の意味により選択される行為の参与者（participante）のことである．例えば，名詞 deseo（望み）は動詞 desear（望む）から派生した名詞であるが，desear は次のように動作主

13. 名詞句

（主語）と対象（直接補語）を必要な項とする2項動詞である： *Su hijo desea iniciar un negocio.* （彼の息子は商売を始めたがっている）．派生名詞 deseo は同じく2つの項を継承することができる： el deseo *de su hijo de iniciar un negocio* （彼の息子の商売を始めたいという望み）．ただし，名詞が必要とする前置詞は動詞からそのまま受け継がれるわけではない．

次に動詞から派生した名詞が項的補語をとる例を挙げる．

la mención *a los graves incidentes* 重大事態への言及

la lucha *por la justicia* 正義のための戦い

la llegada *del invierno* 冬の到来

la construcción *de carreteras* 道路の建設

la pugna *de la UE y Londres por el Brexit* 英国離脱をめぐる EU と英国政府の争い

動詞から派生したものではない動作や状態，感情などを表す名詞の中にも項的補語と見られるものを取ることがある．次にその例を挙げる．

la antipatía *a los tiburones* por su naturaleza rapaz その捕食性ゆえのサメ嫌悪

la amistad *con los niños* 子供に対する親しみ

el miedo *de cometer errores* 誤りを犯すことへの恐れ

la alegría *del reencuentro con viejos amigos* 旧友たちと再会する喜び

la ansiedad *por el futuro* 未来への不安

13.3. 同格

同格（aposición）とは名詞の修飾語が他の名詞または名詞句である場合を指す．同格には限定的なものと説明的なものがある．どちらも同格語が被修飾語の後に置かれるが，限定的同格（aposiciones especificativas）の構造は ＜a b＞型，説明的同格（aposiciones explicativas）では休止が入って（正書法ではコンマが入る）＜a, b＞型になる．

《限定的同格》mi amigo Carlos （私の友だちのカルロス）

《説明的同格》mi amigo, Carlos （私の友だち，カルロス）

限定的同格には名詞が併置される型のほかに ＜a de b＞のように前置詞 de によって同格語が導かれる変種があり，間接同格（aposiciones indirectas）と

— 63 —

呼ばれる：la ciudad de Guatemala（グアテマラ・シティー），el tonto de Sergio（セルヒオのバカ野郎）

A. 限定的同格

限定的同格 <a b> の型では a が普通名詞，b がその指示対象を限定する固有名詞である場合が多数を占める．a 項は施設，地理用語，種類，集合，様式，事例などを表す名詞であることが多い：el Hotel Tequendama（テケンダマ・ホテル），la torre Eiffel（エッフェル塔），el monte Fuji（富士山），el volcán Nevado del Ruiz（ネバード・デル・ルイス火山），el río Nilo（ナイル川），el estilo Luis XIV（[家具などの]ルイ 14 世様式），el caso Ayotzinapa（[メキシコの]アヨツィナパ（集団失踪）事件）

人を表す同格表現では a 項が職業，地位，親族名称，敬称を表す普通名詞である場合が典型的である：el rey Felipe VI（国王フェリペ 6 世），el tío Lucas（ルーカスおじさん），la señora Martínez（マルティネス夫人），la madre Teresa（マザー・テレサ）

a 項が固有名詞の場合もあり，b 項は異名・あだ名，数詞などが来るのが代表的な例である：Sancho el Fuerte（サンチョ剛勇王），Santiago el Mayor（大ヤコブ），Alfonso XIII（アルフォンソ 13 世）

a 項と b 項がともに固有名詞または普通名詞の場合もある．両項とも固有名詞の代表的な例は氏名である：Pedro Sánchez, Soraya Rodríguez

両項とも普通名詞である例も多数見られる：el príncipe consorte（女王の夫君），la reina madre（王太后），el científico poeta（科学者で詩人），un lobo hembra（雌のオオカミ），una golondrina macho（雄のツバメ）．この場合，日常的に慣用化し，語彙的単位として確立しているものは語連接と見なすことができる：palabra clave（キーワード），sofá cama（ソファーベッド）

a 項が代名詞となる場合もある：Yo el Supremo（我，至高の者），nosotros los pobres（我々貧乏人），ustedes las mujeres（あなた方女性たち）

B. 間接同格

間接同格 <a de b> の類型では a 項は普通名詞，b 項は固有名詞または普通名詞である場合が多い．2 項の間に「b は a である」という属性規定（atribución）の関係が成り立つ：la ciudad de Lima（リマ市）> Lima es una ciudad.

この型は都市，街路，広場，地区，地理的名称によく見られ，前置詞 de

のない異形と交替可能な場合が多い：la calle (de) Goya（ゴヤ通り），el cabo (de) San Lucas（サンルーカス岬），la plaza (de) Tlatelolco（トラテロルコ広場），la sierra (de) Guadarrama（グアダラマ山脈）

ただし，前置詞 de の有無は常に交替可能なわけではなく，慣習的に定まっている場合も少なくない．例えば学校名の場合，地名が付くものには de が入るが，人名その他が付くものには de が入らない：Universidad de Salamanca（サラマンカ大学）；Universidad Santo Tomás（聖トマス大学），Universidad Carlos III de Madrid（マドリード・カルロス３世大学）

年月日を表す表現でも同格が現れるが，慣用によって前置詞 de が必要な場合と不要な場合およびどちらも可能な場合がある：el mes de julio（７月），el día 17（17 日），el día miércoles（水曜日），el año (de) 2019（2019 年）

間接同格は前記の el tonto de Sergio のように名詞の指示対象の属性を強調する表現でも用いられる．この場合，b 項には固有名詞または普通名詞が置かれ，a 項にはその名詞の属性を表す名詞が置かれる：una maravilla de isla（すばらしい島），el pesado de su padre（彼（彼女）のうっとうしい父親）

b 項が de que のように que で導かれる名詞節の場合もある．前記の同格節と呼ばれるものである．この場合，先行する a 項と後続する b 項の間には主語と属詞の関係（a = b）が成り立つ．

La idea de que la creación de empleo exige salarios menores es errónea. 雇用創出には低賃金が必要だという考えは間違っている．

El hecho de que los mosquitos transmitieran el nuevo coronavirus fue considerado un bulo hace ya cuatro meses. 蚊が新型コロナウィルスを媒介するというのはもう４ヵ月前にデマだと考えられていた．

Un equipo de científicos ha aportado *pruebas de que, precisamente hace 3.650 años, la ciudad fue destruida por un meteorito que estalló en el aire.* 科学者グループはまさに 3,650 年前にその都市が空中で爆発した隕石によって破壊されたという証拠を提示した．

El alcalde de la localidad natal del conquistador muestra en una carta a la embajadora su preocupación ante *la posibilidad de que su tumba sea profanada.* コンキスタドールの出身地の市長は大使宛の手紙の中でその墓が冒涜される可能性について懸念を表明している．

La UE tiene que colaborar más activamente en *el intento de que las*

— 65 —

Ⅱ. 名詞および名詞句

reformas sean más eficaces y efectivas. EU は改革をより効率的かつ効果的なものにするためにもっと積極的に協力する必要がある.

Persiste *el temor de que no todos los niños puedan seguir asistiendo a clases.* すべての子どもが授業に出席し続けられるとは限らないという恐れが根強く残る.

C. 説明的同格

説明的同格は< a, b >のバタンをとり, 正書法上では名詞と同格語の間にコンマが入り, 音韻上では短い休止が入るのが特徴である. b 項は a 項の名詞に補足・説明を加える名詞または名詞句である. また, b 項は定名詞 (句) でも不定名詞 (句) でもよい.

Petrarca, el primer humanista (最初の人文主義者ペトラルカ), Velázquez, el pintor de la vida (人生の画家ベラスケス), Isabel, tu vecina (イサベルという君の隣人), su novio, un boxeador argentino (彼女の恋人でアルゼンチン人のボクサー)

Ⅲ．形容詞および形容詞句

14. 形容詞の特徴

14.1. 形容詞の機能と文法範疇

　形容詞は句の主要部となって形容詞句を構成し，名詞の修飾語となり，ま
た文の属詞となる．意味的には形容詞は事物のさまざまの性質や特徴，評
価，関係などを示す．スペイン語の形容詞は名詞と同じく性（男性・女性）
と数（単数・複数）の文法範疇を持っている．ただし，形容詞の性と数は，
形容詞が統語関係を持つ名詞の性と数に呼応して表示される特徴である．名
詞の性は，その名詞に固有の固定的な文法範疇であり，数は指示対象に応じ
て単数か複数になる可変的な範疇である．これに対して形容詞の性と数はど
ちらも形容詞に固有の意味に由来するのではなく，名詞との呼応という外因
的な動機によって交替する可変的な特徴である．

14.2. 形容詞の語形変化

　形容詞は名詞との呼応によって性・数の語形変化を起こす．語形変化の点
から見ると，形容詞には次の3つの類型がある．
1) 《性・数変化型》（第1類）——性と数により変化するもの．男性形・
女性形があり，それぞれが単数形・複数形で語尾変化するため計4形式
を持つ．男性・単数が基本形として辞書の見出しとなっている．例え
ば，bueno（よい）：bueno, buena; buenos, buenas
2) 《数変化型》（第2類）——性の区別はなく，数変化のみを行うもの．
したがって単数・複数の2形式を持つ．例えば，alegre（楽しい）：alegre,
alegres
3) 《無変化型》（第3類）——性・数に関わらず語尾変化をまったくしな
いもの．例えば，antibalas（防弾の）：antibalas
　伝統的な用語では，第1類は男性形と女性形を持つので2語尾形容詞
（adjetivo de dos terminaciones），第2類は性の区別がないので1語尾形容詞

—68—

14. 形容詞の特徴

(adjetivo de una terminación) と呼ばれてきた (RAE, 2009: 13.5d, f).

第1類の性・数変化形は形容詞の中で最も多く，その典型は基本形（男性・単数）の語尾が母音 -o で終わる形容詞である．変化語尾は単数 -o, -a, 複数 -os, -as となる．以下，若干の例を示す．

　　bonito（きれいな），claro（明るい），largo（長い），nuevo（新しい），pequeño（小さい），seguro（確かな），viejo（古い）

その他に基本形（男性・単数）が -án, -ón, -és, -ín, -or, -ote, -ete などの語尾で終わるものが含まれる．変化語尾は単数 -ø, -a, 複数 -es, -as となる．その多くは人に関する形容詞である．

　　charlatán（おしゃべりな），llorón（泣き虫の），japonés（日本の），parlanchín（おしゃべりな），trabajador（働き者の），francote（ざっくばらんな），regordete（小太りの）

第2類の数変化型は第1類についで多く，基本形の語尾が子音または例外を除いて -o 以外の母音で終わる形容詞である．変化語尾は単数 -ø, 複数 -es / -s となる．

　　difícil（難しい），feliz（幸せな），grande（大きい），regular（正規の），simple（単純な）；agrícola（農業の），hindú（ヒンズー教の），marroquí（モロッコの）

第3類の無変化型は例外的で，ごく少数である．

　　antiarrugas（しわ防止の），antitabaco（喫煙反対の），contraincendios（防火の），finolis（上品ぶった），gratis（無料の），guaperas（美貌を鼻にかけた），multiusos（多用途の），rubiales（金髪の）

語尾が削除された短縮語の形容詞もこのグループに入る．

　　depre（< depresivo 気落ちした），extra（< extraordinario すばらしい，臨時の），porno（< pornográfico ポルノの）．

形容詞の語形変化の詳細については本シリーズ第2巻（§4）を参照．

— 69 —

15. 形容詞の用法

　統語的に見ると，形容詞の主な用法は名詞の修飾語となる場合，動詞とともに現れて属詞となる場合および叙述補語となる場合に大別できる．

　1）名詞修飾語（modificador nominal）―― 名詞句の付属部となり，その主要部である名詞を修飾する．形容詞は修飾する主要部名詞と性・数を一致させる．

> un resultado *claro*（明らかな結果），*nuevos* descubrimientos（新しい発見），la *larga* y *difícil* recuperación de Fukushima（福島の長くて困難な復興）

　2）属詞（atributo）―― 連結動詞文で連結動詞とともに述語の一部となり，主語について叙述を行う．形容詞は主語の名詞句主要部と性・数を一致させる．

> En esta ciudad las reglas de construcción son muy *estrictas*. この都市では建築基準が非常に厳しい.

> El lobo está cada vez más *presente* en Europa. 欧州ではオオカミの生息数がますます増えている.

> En cuanto se noten los primeros síntomas de sueño es *conveniente* parar y despejarse. 眠気の最初の兆候に気づいたらすぐ停車して頭をすっきりさせるのがよい.

　3）叙述補語（complemento predicativo）―― 叙述動詞文で主語または直接補語について叙述を行う．形容詞は主語または直接補語の名詞句主要部と性・数を一致させる．形容詞の位置は名詞の後に置くのが原則であるが，前置されることもある.

> Los alemanes huyeron *despavoridos* ante la noticia de que las tropas aliadas se acercaban al campo. 連合軍の部隊が収容所に近づいているという知らせにドイツ軍は恐れおののいて逃走した.

> No consideran *adecuada* la información que se facilita en la actualidad al consumidor. 現在，消費者に提供されている情報が適切だとは

―70―

15. 形容詞の用法

考えられていない.

Se palpó los bolsillos de la chaqueta y los encontró *vacíos*. 彼は上着の
ポケットに触ってみて空っぽだと気がついた.

16. 形容詞の呼応

　呼応または一致 (concordancia) とは，ある語の文法範疇が統語関係を持つ別の語に影響を及ぼし，同じ文法範疇を共有するよう語形変化させることである．スペイン語で呼応に関わる文法範疇は性，数および人称であり，次の3種類の呼応が存在する：(a) 名詞に対する限定詞・形容詞・過去分詞の性・数の一致，(b) 名詞に対する代名詞の性・数の一致，(c) 主語に対する動詞の人称・数の一致．ここでは (a) 形容詞の呼応について名詞修飾語，属詞および叙述補語となる場合に分けて取り上げる．以下，形容詞とされるものには名詞修飾語または属詞となる過去分詞も含まれる．

A. 名詞修飾語となる場合

　形容詞は修飾する名詞と性・数を一致させなければならない．この原則は形容詞が名詞の前でも後でも変わらない：un *bonito* paisaje *natural* (きれいな自然の風景)，un hombre *alto* y *delgado* (背が高くてやせた男)，las *nuevas* tendencias e innovaciones *globales* (世界的な新潮流と革新)

　これが形容詞の呼応の一般的原則であるが，修飾される名詞が2つ以上で等位構造の場合は，次のような原則が見られる．

　1）2つ以上の等位の名詞を後置された形容詞が修飾する場合，それらの名詞が同じ性であれば，形容詞は名詞と同じ性の複数形になる：una blusa y falda *negras* (1着の黒いブラウスとスカート)．しかし，名詞の性が異なる場合は，形容詞は男性複数形となる una corbata y un pañuelo *blancos* (1本の白いネクタイとハンカチ)

　2）2つ以上の等位の名詞を前置された形容詞が修飾する場合は，形容詞の直後の名詞のみと性・数を一致させるのが通常である：el *intenso* calor y humedad (ひどい暑さと湿気)，un *ferviente* aplauso y admiración (熱烈な喝采と称賛)

　以上の等位構造の名詞句に対する形容詞の呼応の一般原則から外れる特殊な場合として次のようなものがある．

　3）等位構造の名詞句の前に単数の限定詞が付いていて，同じ指示対象を

—72—

指している場合は，後置された形容詞は最後の名詞と同じ性の単数形となる：mi amigo y profesor *mexicano*（私の友人で先生のメキシコ人）/ el sociólogo e intelectual *francés* Alain Touraine（フランスの社会学者で知識人のアラン・トゥーレーヌ）

4）等位構造の名詞句の指示対象が同一でなくても，それらに緊密な意味的なまとまりがあることを特に示したい場合，後置された形容詞は単数形となるが，そうでない場合は複数形となる：lengua y cultura *española* / lengua y cultura *españolas*（スペインの言語と文化）/ la reforma e innovación *educativa* / la reforma y la innovación *educativas*（教育改革と刷新）

5）接続詞 o で結合された等位構造の名詞句の場合，それらの名詞が互いに排除または交替の関係にあるときは，後置された形容詞は複数形で名詞の性が相違していれば男性形となる：una bicicleta o una moto *rotas*（壊れた自転車とオートバイ）．しかし，それらの名詞が同じもの，またはほぼ等価のものを指しているときは，形容詞は単数形で，名詞の性が相違していれば男性形となる：la muerte o desaparición *incierta*（不確かな死亡または行方不明）/ la ducha o el baño *diario*（毎日のシャワーか入浴）

以上とは逆に，等位構造の形容詞が単数形の名詞を修飾する場合は，それぞれの形容詞は当然単数である：una habitación *luminosa y limpia*（明るくてきれいな部屋）．等位構造の形容詞が複数形の名詞を修飾する場合は，それぞれの形容詞が複数形となる．この場合，名詞は同一の指示対象の集合であると解釈される：los amigos *amables y simpáticos*（親切で感じのよい友人たち）．しかし，複数形の名詞が異なる指示対象を示し，形容詞がそれぞれの指示対象を修飾していると解釈される場合，形容詞は単数形のままである．関連形容詞が人を修飾する場合がその典型である：mis abuelas *paterna y materna*（私の父方と母方の祖母），los cantantes *español e italiano*（スペイン人とイタリア人の歌手）

B. 属詞となる場合

形容詞が連結動詞を介して属詞となる場合も，名詞修飾語の場合と呼応の基本原則は変わらない．

1）属詞となる形容詞は主語名詞句の主要部である名詞または代名詞と性・数を一致させる．

—73—

Ⅲ. 形容詞および形容詞句

La mortalidad infantil es muy *alta* en este país. この国では乳幼児死亡率が非常に高い.

Los almuerzos preenvasados para niños son *populares* y *cómodos*, pero también son *caros* y, con frecuencia, *menos nutritivos*. 子ども用の調理済み弁当は人気があり便利だが, 値段も高く, 栄養価も低いことが多い.

2) 主語が2つ以上の名詞からなる等位構造の句の場合, それらの名詞の性が同じであれば, 属詞の形容詞は同じ性の複数形, 性が異なれば男性複数形となる.

El baile y la música son *esenciales* para descubrir la energía y la vitalidad del Puerto Rico. 舞踊と音楽はプエルトリコのエネルギーと活力を発見するのに欠かせないものだ.

La atmósfera y los ríos de este país son *tóxicos*. この国の大気と河川は有害である.

3) 主語が性共通の人称代名詞1・2人称単数形 yo, tú および3人称単数・複数の usted, ustedes の場合は, その指示対象の性別に応じて属詞の形容詞は男性形または女性形となる. 人称代名詞が非明示（文面に表れていない）の場合も同様である.

¿Es usted *aficionada* al fútbol? あなた（女性）はサッカーのファンですか.

Está *orgulloso* de su ciudad natal. 彼は故郷の町を誇りにしている.

4) 敬称表現 su excelencia, su majestad, su santidad, su señoría などは, それを構成する名詞の性にかかわりなく指示対象の性別に応じて属詞の形容詞は男性形か女性形となる.

Su Majestad está *satisfecho* del acuerdo. 陛下（男性）は協定に満足しておられる.

5) 中性指示代名詞, 不定詞または節が主語の場合, 属詞の形容詞は男性単数形となる.

Utilice su juicio para decidir si esto es *adecuado* o no. これが適切かどうかは, あなたの判断で決めてください.

Es *necesario* llegar a un equilibrio entre rapidez y calidad de la producción. 生産の速さと品質のバランスをとることが必要である.

—74—

16. 形容詞の呼応

6) 2つ以上の等位の不定詞が主語の場合，属詞の形容詞は単数形で一致するのが普通である．特に，不定詞が無冠詞の場合および最初の不定詞のみに定冠詞が付く場合は，それが原則である．

Beber y fumar es *perjudicial* para la salud. 飲酒と喫煙は健康に有害である．

El leer y escribir en la universidad es *importante* ya que nos ayuda a desarrollar nuestras habilidades críticas y argumentativas. 大学での読み書きは我々の批判や議論の能力を伸ばすのを助けてくれるので重要である．

C. 叙述補語となる場合

形容詞が叙述補語となる場合，形容詞はそれが修飾する主語または直接補語の名詞句主要部（下記の例で下線部）と性・数を一致させるのが原則である．

La niña llegó a casa *agotada* y *nerviosa*. 女の子は疲れ果て，神経質になって帰宅した．

Le encontraron *inconsciente* en su habitación. 彼は部屋で意識不明になっているのを発見された．

＜参考4＞　日本語とスペイン語の形容詞

日本語には「赤い，温かい，明るい，小さい」など形容詞と呼ばれる品詞と「静かだ，豊かだ，親切だ，可能だ」など形容動詞と呼ばれる品詞がある．現在の日本語学ではどちらも形容詞としてまとめる考え方が有力で，狭い意味の形容詞は終止形・連体形が「イ」で終わるので「イ型形容詞」，形容動詞は連体形が「静かな，豊かな」のように「ナ」で終わるので「ナ型形容詞」のように分類されることもある．

日本語とスペイン語の形容詞の用法を大きく分けると，名詞修飾用法および述語となる叙述用法がある．両言語を比較すると，叙述用法で大きな相違点がある．日本語の形容詞はそれだけで述語となることが可能だが，スペイン語は不可能である．スペイン語の形容詞が述語となるためには ser, estar のような連結動詞を必要とする．つまり，「連結動詞＋属詞形容詞」の構成を取る．英語も連結動詞 be を必要とする点で同様である．日本語の形容詞は，動詞と並行する語形変化（活用）を行い，それだけで述語になれるとい

－75－

Ⅲ. 形容詞および形容詞句

う点で動詞と共通性がある．このため伝統的な国文法では両方を合わせて用言と呼んできた．いわゆる形容動詞も用言に含まれるのが普通である．一方，スペイン語の形容詞は性・数の文法範疇を持つ点で名詞と共通性があり，形態上も名詞に類似しており，形容詞がそのままの形で名詞に転用されることもある．こうした特徴から伝統文法では狭い意味の名詞を実詞と呼び，形容詞と合わせて名詞として分類していた．世界の言語を見ると，日本語のように形容詞が動詞と似た性質を持つものとスペイン語のように名詞に似た性質を持つものがよくある類型である．日本語と地理的に隣接するアイヌ語は形容詞と動詞の区別がない．朝鮮語も，形容詞は動詞と形態的な相違がほとんどない．

ところで，形容詞が形態的に名詞に近いからといってかならず叙述用法で連結動詞（またはその機能を持つ接辞）が必要となるわけではない．その形態的特徴にかかわりなく形容詞だけで叙述を行う言語は多数あるからである．日本語と同じく形容詞が連結動詞を介さず述語になるのは東アジアのアイヌ語・朝鮮語・中国語のほか，東南アジアのタイ語，ベトナム語，インドネシア語，アルタイ系のモンゴル語，トルコ語，アフロアジア語族のアラビア語，ヘブライ語，ウラル語族のハンガリー語などである．同じウラル語族のフィンランド語は連結動詞を必要とする．一方，形容詞が述語となるのに連結動詞を必要とするのは印欧語族の特徴であり，スペイン語を始めとするロマンス諸語，英語・ドイツ語などのゲルマン諸語，ペルシャ語・ヒンドゥー語などのインド・アーリア諸語も同様である．スラブ諸語も原則は同じであるが，ロシア語では連結動詞に現在形が欠けており，現在時制では形容詞だけで述語を構成する．

17. 形容詞の種類

17.1. 広義の品質形容詞と限定形容詞

　伝統的には，形容詞は品質形容詞と限定形容詞に２大別される．広い意味の品質形容詞（adjetivo calificativo）とは名詞の性質や特徴を表す一般的な形容詞を指す：claro（明るい），oscuro（暗い），ancho（広い），estrecho（狭い）など．これに対し限定形容詞（adjetivo determinativo）は文脈の中における名詞の指示関係（referencia）を示す形容詞である：este（この），mi（私の），alguno（ある），qué（どの）など．限定形容詞はさらに指示形容詞，所有形容詞，不定形容詞，疑問形容詞，数形容詞に分かれる．しかし，現代ではこれらの限定形容詞は形容詞とは切り離して別の語類に分けるのが普通である．本書では指示形容詞，所有形容詞，不定形容詞，疑問形容詞，関係形容詞，数形容詞を冠詞と合わせて限定詞として扱う．なお，ここで言う伝統的な限定形容詞は後述の限定詞的形容詞とは別の概念である．

　限定詞は「閉じられた語類」に属するのに対してこれを除いた形容詞は「開かれた語類」に属するのが特徴である．統語的に見ると，形容詞は名詞の後に置くのが原則であるが，前に置くことも可能であるのに対して限定詞は一部を除いて名詞の前に置くのが原則であり，その位置は文法的に定まっている．

17.2. 品質形容詞と関連形容詞

17.2.1. 品質形容詞と関連形容詞の機能

　ここで言う品質形容詞は前記の品質形容詞よりも狭い意味で，品質や評価，特徴を表し名詞を修飾する一般的な形容詞のことである。一方，関連形容詞（adjetivo relacional）とは人や事物を分類し，またその所属や関係を表す形容詞であり，分類形容詞（adjetivo clasificador）とも呼ばれる．

　《品質形容詞》amable（親切な），caro（高価な），fuerte（強い），hermoso（美しい），importante（重要な），largo（長い），negro（黒い），útil（役

—77—

Ⅲ. 形容詞および形容詞句

立つ）

《関連形容詞》científico（科学的な），ciudadano（市民の），familiar（家族の），nacional（国民の），natural（自然の），profesional（職業的な），social（社会の），último（最後の）

住民形容詞（adjetivo gentilicio）または地名形容詞と呼ばれるグループも関連形容詞の典型的なものである：africano（アフリカの），gallego（ガリシアの），iraní（イランの），japonés（日本の），madrileño（マドリードの）

関連形容詞は通常，名詞から派生するか，または特定の名詞と意味的に関連する．品質形容詞のように名詞のある特徴や特性を表すのではなく，ある名詞の関連する領域や範囲を表す．典型的には「…に所属する，…に関連する」という意味を表す．例えば，científico は「科学（ciencia）に属する，科学に関連する，科学に従事する」のような意味を表す．

品質形容詞は反義語を持つことが多い．

bueno（よい）/ malo（悪い），claro（明るい）/ oscuro（暗い），duro（硬い）/ blando（柔らかい），fácil（容易な）/ difícil（難しい），grande（大きい）/ pequeño（小さい），hermoso / feo（醜い），inteligente（賢い）/ tonto（愚かな），largo）/ corto（短い），rápido（速い）/ lento（遅い），viejo（古い）/ nuevo（新しい）

これに対し関連形容詞は反義語がないのが普通である．

品質形容詞と関連形容詞は完全に分かれているわけではなく，同じ形容詞が意味により両方にまたがる場合もある．特に関連形容詞は比喩的な意味で品質形容詞として機能する場合がある．次の例では前が関連形容詞，後が品質形容詞となっている．

convulsión *febril*（熱による痙攣）/ *febril* deseo（熱烈な願望）

soberanía *popular*（国民主権）/ cantante *popular*（人気歌手）

17.2.2. 品質形容詞と関連形容詞の形態

形態的に見ると，品質形容詞は派生語ではない単純語が大部分を占める．しかし，語源的に他の語から派生したものもある．代表的な品質形容詞の派生接尾辞は次のようなものである．

-ble：agradable（楽しい），apetecible（食欲をそそる），durable（長持ちする），miserable（悲惨な），prescindible（無視できる）

—78—

17. 形容詞の種類

-**dor**：encantador（魅力的な），hablador（おしゃべりな），perdedor（敗者の），trabajador（働き者の），traidor（裏切り者の）

-**ente**：convincente（説得力のある），diferente（異なった），imponente（威圧的な），influyente（影響力のある），insistente（執拗な）

-**iento**：avariento（欲深い），hambriento（飢えた），polvoriento（ほこりっぽい），sangriento（血まみれの），sediento（喉が渇いた）

-**oso**：cariñoso（愛情のこもった），dudoso（疑わしい），hermoso（美しい），nuboso（曇り空の），rocoso（岩だらけの）

これに対し，関連形容詞の大部分は名詞から派生する．名詞から関連形容詞を派生させる代表的な接尾辞は次のようなものである．

-**al** / -**ar**：cultural（文化的な），material（物質の），personal（個人の）；circular（円形の），familiar（家族の），solar（太陽の）

-**ano**：americano（アメリカの），castellano（カスティーリャの），ciudadano（市民の），microbiano（微生物の），republicano（共和国の）

-**ero**：casero（自家製の），habanero（ハバナの），placero（広場の），romancero（ロマンセの），verdadero（真実の）

-**ico**：alcohólico（アルコールの），episódico（挿話的な），incaico（インカの），jurídico（司法の），problemático（問題のある）

-**ista**：budista（仏教の），finalista（決勝戦進出の），izquierdista（左翼の），machista（男尊女卑の），socialista（社会主義の）

ただし，以上で挙げた接尾辞が常にどちらか一方の形容詞を形成するわけではない．形容詞の派生については第2巻（§9.3）参照．

17.2.3. 品質形容詞と関連形容詞の統語的特徴

統語的に品質形容詞と関連形容詞を比較すると次のような特徴が見られる．

1）品質形容詞は名詞に対し前置することも後置することも可能であるが，関連形容詞は原則として前置されることはない：*nueva* cámara / cámara *nueva*（新しいカメラ）；cámara *digital* / *digital cámara（デジカメ）．ただし，例外的に前置される場合もある：*Real* Academia Española（王立スペイン学士院）

2）品質形容詞は比較表現や強度を示す修飾語を付加することができるが，関連形容詞は原則としてできない：más *inteligente*（もっと賢い）/

— 79 —

Ⅲ．形容詞および形容詞句

muy *inteligente*（とても賢い）; *más eléctrico*（もっと電気的な）/ *muy eléctrico*（とても電気的な）．ただし，本来は関連形容詞であるものが意味的に分類ではなく性質を表す品質形容詞に転化している場合は例外となる：la música muy *española*（非常にスペイン的な音楽）

3）品質形容詞は名詞との間に別の形容詞を置くことが可能であるが，関連形容詞と名詞との間に品質形容詞を置くことはできない：cámara *ligera* nueva（軽くて新しいカメラ）; *cámara *nueva* digital

4）品質形容詞は属詞となることができるが，関連形容詞が属詞となるには制約があり，不可能な場合もある：El coche es *rápido.*（その車は速い）/ *El coche es *eléctrico.*（その車は電気的だ）

17.2.4. 位置により意味の変わる品質形容詞

　多義的な品質形容詞の中には名詞の前に置かれるか後に置かれるかによって解釈される意味が変わるものがある．ただし，これは位置によって引き出される意味に一定の傾向が見られるということであって，必ずそうなるというわけではない．後置される場合は制限形容詞として機能していると見ることができる．

antiguo：el *antiguo* embajador（前大使）/ el casco *antiguo*（旧市街）
cierto：*cierta* información（ある情報）/ una información *cierta*（確かな情報）
grande：un *gran* hombre（偉大な男）/ un hombre *grande*（大男）
nuevo：la nueva casa（今度の家）/ la casa *nueva*（新築の家）
pobre：un *pobre* niño（かわいそうな男の子）/ un país *pobre*（貧しい国）
puro：*pura* coincidencia（単なる偶然の一致）/ oro *puro*（純金）
simple：un *simple* empleado（単なる社員）/ una tarea *simple*（単純な仕事）
triste：un *triste* soldado（しがない兵士）/ una cara *triste*（悲しそうな顔）
viejo：el *viejo* amigo（旧友）/ el amigo *viejo*（老いた友人）

17.3. 制限形容詞と非制限形容詞

　一般にスペイン語の形容詞は名詞の後が無標の位置である．しかし，形容詞の位置はかなり流動的であり，その選択には意味，文体，慣用などさまざまの要因が絡んでいると見られる．そうした要因の中で重要な役割を果たし

—80—

17. 形容詞の種類

ているのは制限形容詞と非制限形容詞という用法の区別である.

　制限形容詞（adjetivo restrictivo）とは名詞の指示対象の範囲を限定し，選び出す働きをする形容詞の用法で，特定形容詞（adjetivo especificativo）とも呼ばれる．制限形容詞は名詞の後に位置するのが原則である．制限形容詞となるものには品質形容詞や関連形容詞も含まれるが，意味的に制限的形容詞となりやすいグループもある．後述の記述形容詞はその例である．これに対し非制限形容詞（adjetivo no restrictivo）とは名詞の指示対象全体を修飾する形容詞の用法で，説明的形容詞（adjetivo explicativo）とも呼ばれ，名詞の前に置かれるのが普通である．非制限形容詞となるのは品質形容詞で，特に後述の付加形容詞と呼ばれるものが代表的であるが，記述形容詞や副詞的形容詞も含まれる．

　名詞句 la casa blanca（白い家）に含まれる形容詞 blanca は「家」の指示対象の中から「白い」特徴を持つものを特定して選び出す制限形容詞として働く．これに対し，la blanca nieve（白い雪）における blanca は「雪」固有の内在的な特徴を表しており，「雪」一般を修飾する非制限形容詞として働いている．この例のように前置された形容詞のうち名詞の持つ内在的あるいは典型的な特徴や特性を際立たせるような働きをする形容詞を特に付加形容詞（adjetivo epíteto）と呼ぶことがある．

　これら2種類の形容詞用法のどちらかに解釈可能ないくつか例を挙げる．

　　《制限形容詞》edificio *alto*（高層ビル），comida *casera*（家庭料理），coche *eléctrica*（電気自動車），planta *medicinal*（薬用植物），perro *vagabundo*（野良犬），rocas *volcánicas*（火山岩）

　　《非制限形容詞》*duras* rocas（硬い岩），*firme* apoyo（しっかりした支持），*verde* hierba（青い草），*honroso* título（名誉ある肩書），*intensas* lluvias（激しい雨），*oportuno* consejo（折のよい助言）

　後置される制限形容詞は一般に客観的・対比的な意味を帯びやすく，前置される非制限形容詞は主観的・感情的な意味を帯びやすい．上の例にもその傾向は現れているが，他の例を挙げると，bueno（よい），malo（悪い）は主観的な評価を表す形容詞なので前置されることが圧倒的に多い：*buen* amigo（よい友だち），*buen* trabajo（よい仕事），*buen* vivir（よい生き方），*mal* ejemplo（悪い例），*mala* noticia（悪い知らせ），*mal* gusto（悪趣味）．しかし，制限的あるいは対比的な意味を持つ場合は後置される：hombre *bueno*（善人），

— 81 —

Ⅲ. 形容詞および形容詞句

visto *bueno*（承認済み），un Dios *bueno*（善なる神），un nivel *bueno*（よい水準），colesterol *malo*（悪玉コレステロール），lado *malo*（悪い側），momentos *buenos* y *malos*（よいときと悪いとき），el resultado *bueno* o *malo*（よい結果か悪い結果）．なお，他の形容詞と同様，bueno, malo に副詞的な修飾語が付いた形容詞句となっている場合は後置されるのが原則である：una solución extremadamente *buena*（非常によい解決策），un signo muy *malo*（とても悪い兆候）

17.4.　特徴形容詞と状態形容詞

　品質形容詞の中には人や物に固有の特徴や特性を表すもののグループがあり，特徴形容詞（adjetivo caracterizador）あるいは個別的形容詞（adjetivo de individuo），恒常的形容詞（adjetivo permanente）とも呼ばれる．これに対し，人や物の一時的状態や変化の結果を表す形容詞のグループがあり，状態形容詞（adjetivo de estado）あるいは一時的形容詞（adjetivo episódico）と呼ばれる．

　　《特徴形容詞》alegre（陽気な），capaz（有能な），elegante（上品な），posible（可能な），potable（飲用できる），rápido（速い），real（現実の）など

　　《状態形容詞》contento（満足した），enfermo（病気の），limpio（清潔な），lleno（一杯の），maduro（熟した），quieto（穏やかな），triste（悲しい）など

　状態形容詞のグループには形容詞として用いられる動詞由来の過去分詞も多数含まれる：abierto（開いた），cansado（疲れた），dispuesto（用意のある），enfadado（怒った），satisfecho（満足した）など．

　この2種類は連結動詞の属詞となる場合に対照的な相違を見せる．特徴形容詞は ser と結びつきやすく，状態形容詞は estar と結びつきやすい．

　　El agua corriente de este país es *potable*. この国の水道水は飲んでも大丈夫だ．

　　La fruta está *madura* cuando adquiere un color amarillo vivo. 果物が鮮やかな黄色になったら完熟だ．

　しかし，この違いは相対的なもので，多くの特徴形容詞はどちらの連結動

―82―

17. 形容詞の種類

詞とも結びつく.

Ese chico es *alegre*, sociable, pero en ocasiones caprichoso. この少年は明るく,社交的だが,ときどき気まぐれなところがある.

Esta persona siempre está *alegre* y dispuesta para una broma. この人物はいつも明るく,冗談が好きだ.

また,状態形容詞も ser と結びつくことがある.

En este lugar el aire es *limpio* y las aguas de los ríos son *puras*. この場所は空気がきれいだし,川の水も清らかだ.

17.5. 記述形容詞

品質形容詞の中には記述形容詞 (adjetivo descriptivo) と呼ばれるグループがある.記述形容詞は制限形容詞として働き,名詞に対し後置される.通常の品質形容詞と異なり,名詞の性質や特徴そのものを表すのではなく,その性質や特徴を持つ種類を客観的な分類として示す.一般的な品質形容詞が記述形容詞として働く場合もある.通常の品質形容詞のように比較表現を作ることはなく,程度を表す副詞で修飾されることもない.分類を示す点で関連形容詞と機能が似ているが,形態的には関連形容詞と異なり名詞から派生するのではなく,動詞から派生するものも多い.以下に例を挙げる.

cristal *ahumado*(曇りガラス), puente *colgante*(吊り橋), papel *continuo*（ロール紙）, edición *corregida*（改訂版）, moneda *corriente*（通貨）, metal *ligero*（軽金属）, oso *pardo*（ヒグマ）, piedra *preciosa*（宝石）, tren *rápido*（急行列車）, animal *salvaje*（野生動物）, vino *tinto*（赤ワイン）

17.6. 副詞的形容詞

形容詞の中には時,様態,数量の程度を表す意味を持ち,副詞と類似する機能を果たす形容詞があり,特に副詞的形容詞 (adjetivo adverbial) と呼ばれる.この種の形容詞は名詞に前置または後置されるが,様態を表すものは,この意味で用いられる場合に限り前置されるのが普通である.

1）時を表すもの：el *actual* ministro（現大臣）, el consumo *diario*（毎日の消費）, una renta *mensual*（月収）, el *presente* año（今年）, el *futuro*

—83—

Ⅲ. 形容詞および形容詞句

plan（将来の計画），un cliente *frecuente*（常連の客），una visita *semanal*
（毎週の訪問）

２）様態を表すもの：el *presunto* delincuente（犯罪容疑者），el *pretendido*
poeta（自称詩人），un *probable* submarino（潜水艦らしきもの），una *segura*
expectación（確かな見込み），el *supuesto* agente（推定代理人），una *mera*
hipótesis（単なる仮説），en *pleno* centro（まさに中心で），una *sola* excepción
（唯一の例外），el *único* heredero（ただ一人の相続人）

３）数量の程度を表すもの

El apagón duró una hora *escasa*. 停電は１時間足らず続いた.

La estatua mide dos metros *exactos* de altura. 影像は高さがぴったり２
メートルある.

La tarifa cuesta cien euros *justos*. 料金は 100 ユーロちょうどだ.

Tiene ochenta años *largos*. 彼は優に 80 歳を超えている.

　副詞的形容詞は比較表現を作らず，程度を表す副詞で修飾されることはない.
また属詞となることもない. しかし，意味的に品質形容詞に転化している場合は
例外である：un restaurante muy *actual*（とても今風のレストラン）/ El
restaurante es muy *actual*.（そのレストランはとても今風だ）

18. 数量詞・限定詞・代名詞的な形容詞

18.1. 数量詞的形容詞

　形容詞の中には数量詞的な意味と機能を持つ用法で使用されものがあり，数量詞的形容詞 (adjetivo cuantificativo) とも呼ばれる．不定数を表すグループと多数を表すグループがあり，どちらも名詞に前置されるが，不定数を表すものは複数形で用いられる．

　　1) 不定数を表すもの

　　　　diferentes aspectos (さまざまの様相)，*distintos* sectores (さまざまな部門)，*diversas* actividades (さまざまの活動)，*varios* países (いくつかの国々)

　　　　なお，上記の形容詞が本来の意味で用いられる場合は名詞に後置されるのが普通である．

　　　　una impresión *diferente* (異なる印象)，un camino *distinto* (別の道)，productos *varios* (雑貨)

　　2) 多数を表すもの

　　　　un *copioso* consumo (大量の消費)，un *cuantioso* déficit (大赤字)，*incontables* estrellas (無数の星)，las *innumerables* víctimas (無数の犠牲者)，un *numeroso* grupo de jóvenes (若者の大集団)，un *nutrido* personal (多数のスタッフ)

18.2. 限定詞的形容詞

　語類として分けられる限定詞とは別に形容詞の中には通常の用法のほかに限定詞的あるいは指示詞的な用法を持つものがあり，これを限定詞的形容詞 (adjetivo determinativo) と呼ばれる．例えば，形容詞 cierto (確かな)，semejante (似た)，tamaño (大きい)，過去分詞 dicho (言われた)，determinado (決定した) などは，ここに挙げた通常の意味のほかに限定詞的な用法を持ち，

—85—

III. 形容詞および形容詞句

名詞に前置される.

> un *cierto* número (ある数), en *dicha* reunión (前記の会議で), en un *determinado* momento (一定の時に), conseguir *semejante* victoria (これほどの勝利を達成する), una obra de *tamaña* importancia (それほど重要な作品)

　同じく, 形容詞 mismo (同じ), propio (固有の, 相応の) も同一性を表す限定詞的・指示詞的な形容詞として用いられることがある. この用法では mismo は名詞の前または後, propio は前に置かれ, 名詞と性・数の呼応を行う.

> Lo que observamos no es la naturaleza *misma*. 我々が観察しているのは自然そのものではない,

> El *propio* autor explicó su obra. 作家自身がその作品について説明した.

mismo は強調して絶対最上級 mismísimo の形式をとることもある.

> Lo vi con mis *mismísimos* ojos. 私自身の目でそれを見たのだ.

mismo は人称代名詞・再帰代名詞を強調するためにも用いられる. この場合, mismo は代名詞の後に置かれ, 代名詞と性・数の呼応を行う. 性を示さない代名詞の場合は, その指示対象の性に一致させる.

> yo *mismo* (私自身 [男性]), yo *misma* (私自身 [女性]), ellas *mismas* (彼女たち自身), la conciencia de sí *mismo* (自己認識 [男性])

19. 形容詞の比較

19.1. 比較とは

スペイン語の形容詞および副詞にはそれが表す性質・状態などの相対的な程度を表すための文法的手段があり，形容詞および副詞の比較（gradación）と呼ばれる．その文法的手段となるのは語形変化または副詞を用いた分析的表現である．ここでは形容詞の比較のみを取り上げるが，あらゆる形容詞が程度の比較を表現することができるわけではない．比較，つまり段階付けが可能なのは品質形容詞に限られ，関連形容詞は原則として比較表現を作らない．このように比較が可能かどうかという観点から形容詞を段階づけ可能形容詞（adjetivo graduable）と段階づけ不能形容詞（adjetivo no graduable）に分類することもある．ただし，この分類は絶対的なものではなく，関連形容詞でもその意味の適合性を表現する場合には比較表現を構成することがある．

Este problema es *más político que económico.* この問題は経済的というより政治的な問題だ．

19.2. 比較級および最上級

スペイン語では英語と同じく形容詞の比較の程度には3段階あり，原級（grado positivo），比較級（grado comparativo）および最上級（grado superlativo）と呼ばれる．原級は比較級および最上級と対立し，比較の程度を表す文法的な特徴を持っていない無標の形式である．比較級は2つ以上のものの程度の比較を表し，最上級はあるものの集合の中で最大の程度の強さを表す．

英語の場合，形容詞の比較は語形変化による（例：*big, bigger, biggest*）のが英語本来のものであり，ゲルマン語的比較法（*Germanic comparison*）とも呼ばれる．フランス語やラテン語由来の2〜3音節以上の形容詞には副詞を用いた分析的表現（例：*pleasant, more pleasant, most pleasant*）となるのが原則で，こちらはフランス語的比較法（*French comparison*）とも呼ばれる．こ

— 87 —

れに対し，スペイン語では副詞による分析的表現が中心であって，ラテン語に由来する語形変化は少数の不規則なものが例外的に残っているにすぎない．一方，劣等比較と呼ばれるものはスペイン語でも英語でも副詞による分析的表現が用いられる．

　スペイン語の比較級は優等比較の場合は副詞 más，劣等比較の場合は menos が形容詞に直前に置かれることによって表される：「más / menos ＋ 形容詞」．例えば，más alto（もっと高い），menos fácil（より容易ではない）

　最上級は形容詞の直前に優等比較では más，劣等比較では menos が置かれる点では比較級と同じであるが，さらにその前に定冠詞が置かれることによって示される．名詞句の場合は「定冠詞 ＋ 名詞 ＋ más / menos ＋ 形容詞」という構成となる：*la* torre *más* alta（最も高い塔）/ *el* trabajo *menos* fácil（最も容易ではない仕事）．この定冠詞は最上級を表すための標識として働くが，後述する定冠詞の後方照応用法の一種とみなすこともできる（§26.5.2.A）．定冠詞は名詞の性・数に呼応する．中性定冠詞 lo が最上級を構成することもある：*lo más* importante（最も大切なこと）．定冠詞が más の前になくても，それに代わる定性を表す 限定詞があれば最上級の表現となる．その代表的なものは所有詞である：*mi* libro *más* importante（私の最も大切な本）

19.3. 融合的比較級

19.3.1. 融合的比較級の形式

　ラテン語の形容詞は語形変化により比較級と最上級を示すのが原則であったが，スペイン語は比較変化を失った．しかし，ごく一部の形容詞のみに使用頻度の高い不規則な比較級が残った．不規則な比較級は意味的に比較の副詞 más を含んでいると考えることができるので融合的比較級（comparativo sincrético）とも呼ばれる．形容詞の融合的比較級には次の４つだけである．

　　bueno（よい）：mejor，malo（悪い）：peor，grande（大きい）：mayor，pequeño（小さい）：menor

他に数量詞の比較級として次の２つがある．

　　mucho（多い）：más，poco（少ない）：menos

19.3.2. 融合的比較級の用法

融合的比較級は規則的な比較級と同様，属詞または名詞修飾語として用いられる．次に属詞の例を挙げる．

Este modelo es *mejor* que otros. この型は他のものよりよい．

La situación es *peor* que antes. 状況は以前より悪い．

La producción de naranjas es *mayor* que el consumo nacional. オレンジの生産量は国内消費量よりも多い．

El presupuesto es *menor* que el del año pasado. 予算は去年より少ない．

融合的比較級が名詞修飾語として用いられる場合は，名詞に前置されるのが普通である．

La *mejor* forma de protegerlos es poner fin a los conflictos. 彼らを守る最善の方法は紛争を終わらせることだ．

La comisión hizo la investigación con el *mayor* rigor posible. 委員会はできる限り厳正に調査を行った．

なお，grande, pequeño には規則的な比較級形式 más grande, más pequeño もあり，主に物理的な大小を表すのに用いられる．

Nos ofrecieron una habitación *más grande* que la suya. 我々には彼らの部屋より大きい部屋が提供された．

Luxemburgo es *más pequeño* que Bélgica. ルクセンブルクはベルギーよりも小さい．

一方，mayor / menor は抽象的な意味の大小を表すのに用いるほか，年齢について「年長の / 年少の」という意味を表す．

Tengo una hermana *mayor* y un hermano *menor*. 私には姉と弟がいる．

Mi hermano es cinco años *menor* que yo. 兄は私より 5 歳年上だ．

19.4. 絶対最上級

あるものを他のものと相対的に比較するのではなく，その性質が絶対的に強い程度であることを表すためには副詞 muy （とても）や extremadamente （極端に），fuertemente （強く），intensamente （激しく），sumamente （極度に）などの副詞が形容詞の前に置かれるが，それと同様の意味を示す手段として絶対最上級 (superlativo absoluto) という形容詞の形式がある．これは形容詞

Ⅲ. 形容詞および形容詞句

に接尾辞 -ísimo を付加して形成される．歴史的にはラテン語の最上級に由来するが，相対的な最上級「…の中でもっとも…」のような意味を表すことはなく，後述の最上級構造は構成できない．絶対最上級は絶対的な程度の高さ「非常に，とても…」を表す：fácil > facilísimo（非常に容易な），preciso > precisísimo（非常に正確な），rico > riquísimo（とても金持ちの）．-ísimo 形式は通常の -o で終わる形容詞と同じく性・数の変化を行う．

接尾辞 -ísimo が付加する際に一部の形容詞の語基は不規則に変化することがあり，また接尾辞が -císimo, -érrimo となる形容詞もある；amable > amabilísimo（非常に親切な），joven > jovencísimo（非常に若い），áspero > aspérrimo（非常に粗い）．詳細については本シリーズ第 2 巻（§9.3.2）を参照．

19.5. 比較の表現

19.5.1. 比較級構造

形容詞および副詞の比較は不等比較（comparación de desigualdad）と同等比較（comparación de igualdad）に大別できる．同等比較は比較されるものが同等であるという関係を表すのに対して不等比較は相違のある関係を表す．不等比較は，さらに優等比較（comparación de superioridad）と劣等比較（comparación de inferioridad）に分けられる．いずれの場合も，比較の対象となる概念は数量または程度である．以下では形容詞について各種の比較を表す統語構造を概観する．

優等比較の場合，ある項目（比較の第 1 項）を他の項目（比較の第 2 項）と対比して程度が優位であることを示す．比較されるのは両方の項目に共通する性質の程度または数量である．優等比較の比較級構造は，典型的には次のような構成となる：「más + 形容詞 + que ...」．形容詞が属詞の場合は主語と，名詞の修飾語の場合はその名詞と性・数を一致させる．

Su coche es *más caro que el mío.* あなたの車は私のものよりも高い．

Esta casa es *más vieja que aquella.* この家はあれよりも古い．

比較級の前に数量的な差異を表すため数量詞その他の修飾語が置かれることもある．

España tiene una postura *mucho más flexible que la UE frente a Panamá.* スペインはパナマに対して EU よりもはるかに柔軟な態度をとっている．

— 90 —

19. 形容詞の比較

Mi hermana es *dos años mayor que yo.* 姉は私よりも2歳年上だ.

劣等比較の場合は，比較の第1項を比較の第2項と対比して程度が劣ることを示す．その典型的な比較級構造は次のような構成となる：「menos ＋ 形容詞 ＋ que ...」．劣等比較は優等比較と比べると，出現する頻度はかなり低い.

El primer plan es *menos costoso que el segundo.* 第1案は第2案よりも費用がかからない.

Esa conferencia es *mucho menos interesante que la anterior.* その講演は前回のほどおもしろくない.

比較級構造で数量を表す más または menos が形容詞としてその後の名詞を修飾する場合もある．この場合も más と menos は無変化である.

Las preguntas a veces nos dan *más información que las respuestas.* 質問は時には答え以上に情報を与えてくれるものだ.

Los estudiantes leen *menos libros* ahora *que hace treinta años.* 学生は30年前よりも本を読まなくなっている.

比較の第2項を導くのは通常 que であるが，次の場合には que の代わりに前置詞 de が用いられる.

1）比較の第2項が第1項と同じ名詞を指示する場合

Pudo ganar *más dinero del que pensaba.* 彼は思っていた以上の金を稼ぐことができた.

La NASA ha confirmado que en la Luna hay *más agua de la que se creía.* NASA は月にこれまで考えられていた以上の水が存在することを確認した.

2）比較の第2項が lo ＋ 形容詞・過去分詞または lo que 関係節である場合

Estas calabazas son *más grandes de lo normal.* このカボチャは通常のものより大きい.

Este año la cosecha de arroz ha sido *mayor de lo esperado.* 今年は米の収穫が期待した以上だった.

El clima de esta región es *más agradable de lo que creemos.* この地方の気候は我々が思っている以上に快適だ.

比較の第2項は名詞句のほか，形容詞句，副詞句，前置詞句，不定詞・過去分詞の構造が現れる場合もある.

El combustible es *más caro que antes.* 燃料は以前よりも高い.

Ⅲ. 形容詞および形容詞句

Ese hombre es *más astuto que inteligente.* あの男は利口というよりずる賢い.

Para resolver este problema no hay *más remedio que ir a juicio.* この問題を解決するには裁判に訴えるしか手がない.

19.5.2. 最上級構造

最上級はある項目を多数の項目と対比してその程度がもっとも高いことを示す. 優等比較の場合, 典型的な最上級構造は次のような構成となる:「定冠詞 + 名詞 + más + 形容詞 + de ...」. 定冠詞の直後の名詞は, 暗黙に了解されている場合は省略されることもある. また, 構造の最後に現れる制限補語(complemento restrictivo)または最上級尾部(coda superlativa)とも呼ばれる de 以下の前置詞句は省略されることもある. 定冠詞と形容詞は, それが修飾する名詞と性・数を一致させる.

El alumno es *el más aplicado de la clase.* その生徒はクラスの中で一番勤勉だ.

Esta es *la iglesia más vieja de la ciudad.* これは町で一番古い教会だ.

定冠詞がなくても, それに代わる定性を表す語, 例えば所有詞前置形があれば最上級構造となる.

Antonio ha hecho *su mejor esfuerzo en la prueba.* アントニオはテストで最善を尽くした.

Quiero expresarle *mi más sincero agradecimiento por su atención.* ご配慮に対し心からの感謝を申し上げたいと思います.

また, 定冠詞が más の直前になくても, más を含む関係節の前に定冠詞付きの関係詞または定冠詞付きの先行詞があれば最上級の意味になる.

Esa empleada es *la que más problemas me ha causado desde que llegué aquí.* あの女性社員は私がここに来てから一番問題を起こしている人物だ.

Es *el jugador que ha anotado más puntos en toda la temporada.* 彼は今シーズン最多得点をした選手だ.

制限補語の前置詞句の代わりに同様の機能を果たす posible, imaginable のような可能性の範囲を表す形容詞が現れることもある.

Los recursos disponibles deben utilizarse de *la manera más eficaz posible.*

—92—

使用できる手段はできるだけ効果的に利用すべきである.

Lograron encontrar *la solución más sencilla imaginable.* 彼らは想像でき
る限り最も簡単な解決策を見つけることに成功した.

劣等比較の最上級構造は，más の代わりに menos が用いられる点を除く
と上記の優等比較の構造と同様である：「定冠詞 + 名詞 + menos + 形容詞
+ de ...」

San Cristóbal y Nieves es *el* país *menos extenso de América.* セントクリス
トファー・ネービスはアメリカ地域でもっとも面積の狭い国である.

Ella es *la menos fiable de las fuentes.* 彼女は情報源の中で最も信用でき
ない.

19.5.3. 同等比較の構造

典型的な同等比較の構造は次のような構成となる：「tan + 形容詞 + como ...」

El procedimiento es *tan fácil como pulsar un botón.* 手順はボタンを押す
だけと簡単だ.

No soy *tan rico como tú.* 私は君ほど裕福ではない.

同等比較の構造では tan に代わって数量を表す tanto が形容詞として名詞
を修飾する場合もある. tanto は修飾する名詞の性・数に呼応して変化する.

Los jóvenes de hoy no tienen *tanto dinero como los mayores.* 今の若者は
高齢者ほどお金を持っていない.

Estados Unidos ya no atrae a *tantos millonarios como antes de la pandemia.*
米国はパンデミック以前ほど多くの富豪を引き寄せられなくなった.

不等比較の場合と同様，比較の第2項には名詞句以外の句または節が現れ
る場合もある.

Su conferencia fue *tan estimulante como entretenida.* 彼の講演は刺激的で
あると同時におもしろいものだった.

En una semana han caído *tantas precipitaciones como en todo el último
mes.* 1週間で先月1ヶ月分もの雨が降った.

Para sacar conclusiones hay que recopilar *tantos datos como sea posible.*
結論を出すにはできるだけ多くのデータを集める必要がある.

Ⅲ. 形容詞および形容詞句

＜参考5＞　形容詞の位置

日本語とスペイン語とでは名詞を修飾する形容詞の位置が正反対である．日本語では形容詞が必ず名詞の前に来るのに対してスペイン語は後に来るのが原則であるが，場合によっては前に来る場合もある．この点はスペイン語と同系のロマンス諸語も同じである．一方，英語などゲルマン諸語やロシア語などスラヴ諸語は日本語と同じく形容詞が前置される．ただし，英語には多少例外があって補語を伴う形容詞句は後置される：a fact *worthy of attention*（注意すべき事実），a room *available for tonight*（今夜空いている部屋）．また，something, anything などの不定代名詞を修飾する形容詞も後置される：something *interesting*（何かおもしろいこと），anybody *else*（誰か他の人）

アジアの言語を見ると，日本語と同じく形容詞が名詞に対し前置されるのはアイヌ語，朝鮮語，中国語，アルタイ系のモンゴル語，トルコ語，それに印欧語系のヒンディー語，ウルドゥー語など，後置されるのはタイ語，ベトナム語，カンボジア語，インドネシア語，印欧語系のペルシャ語などである．

言語における形容詞の語順はそれだけ孤立して現れる特徴ではない．それが他の要素の語順とも関連があることは言語類型論の研究によって明らかにされてきた．言語類型論の古典とも言うべき Greenberg (1974) は，文における主語 (S)，動詞 (V)，目的語 (O) の基本語順と形容詞その他の語順には一定の相関性があることを指摘した．世界の言語には SOV, SVO, VSO, VOS, OVS, OSV の6種類の基本語順があり得るが，最も数が多いのは日本語のような SOV 型であり，スペイン語・英語のような SVO 型がこれに次ぐ．最後の OSV 型は非常にまれである．これら文の3要素から S を除いて考えると，6種類の基本語順は2つの型 OV および VO に還元できる．この2つの型の語順を比較すると，次のような普遍的な傾向があると言われる（コムリー，1992, §4 参照）．

OV：名詞＋後置詞 / 属格＋名詞 / 形容詞＋名詞

VO：前置詞＋名詞 / 名詞＋属格 / 名詞＋形容詞

後置詞は日本語の助詞に相当する．ここで属格というのはラテン語のように格変化を持つ言語の属格だけではなく，所有表現一般を指している．日本語は OV 型に属し，その普遍的傾向に一致する典型的な言語である．一方，VO 型のスペイン語は，その普遍的傾向にほぼ一致しているが，一部例外も

19. 形容詞の比較

含まれる．属格表現では名詞の後だけではなく，前に来る場合（所有形容詞前置形）もある：la casa *de Juan* / *mi* casa. また，形容詞は後置が原則だが，前置されることもある．同じ VO 型の英語は．形容詞の語順が前記のようなわずかな例外を除くと普遍的傾向に反して前置される．属格表現も前置される場合と後置される場合がある：*my* house（我が家），my *uncle's* house（私の伯父の家）/ the house *of an acquaintance*（知り合いの家）．前置詞を用いた後置はフランス語などの影響を受けて発展した構造である．

20. 形容詞句

　形容詞句は形容詞を主要部として構成され，場合によって主要部を拡張する付属部が形容詞の前または後に置かれる．付属部となるのは副詞句，前置詞句，不定詞構文および名詞節である．

A. 形容詞前の修飾語
　主要部の形容詞の前に現れる構成素は副詞句に限られており，修飾語の機能を果たす．

　　un viaje *muy* agradable　とても楽しい旅

　　una situación *bastante* buena　かなり良い状況

　　una respuesta *poco* convincente　あまり納得の行かない回答

　　los medios *ampliamente* disponibles　広く適用可能な手段

　　El lago está *completamente* tranquilo. 湖はまったく穏やかである．

　このように修飾語の副詞句は，意味的には形容詞の表す性質に程度または範囲の限定を加える．また，視点や焦点の意味を付け加える副詞を伴うこともある．

　　una operación *económicamente* viable　経済的に実現可能な活動

　　Esta medida es *solo* útil para algunos casos excepcionales. この措置は例外
　　　的な場合にのみ有効だ．

B. 形容詞後の修飾語
　程度を表す修飾語は形容詞の前に置かれるのが原則であるが，それが前置詞句の場合は例外的に後に置かれる．

　　Es de buen carácter y generosa *en extremo*. 彼女はよい性格で非常に思い
　　　やりがある．

　この他に接続詞 como で導かれる句が形容詞の後に置かれ，その修飾語となる場合もある．

　　Es un hombre cruel *como un tigre*. 彼は虎のように残酷な男だ．

C. 形容詞後の補語および付加語
　副詞句以外の付属部は主要部形容詞の後に置かれるのが原則であるが，い

20. 形容詞句

ずれもその前に前置詞が必要である．このように主要部の形容詞の後に置かれ，前置詞で導かれる付属部は形容詞の補語または付加語の機能を果たす．前置詞の後には名詞句が来る典型的な前置詞句だけではなく，不定詞構文や名詞節，関係節が現れることもある．なお，このような付属部を持つ形容詞句はかならず名詞の後に置かれ，前置されることはない．

1）前置詞句

形容詞の後に置かれる前置詞句は形容詞に必要な補語の機能を果たす場合と随意的な付加語の機能を担う場合がある．形容詞の補語（complemento del adjetivo）となっている場合，どの前置詞が選ばれるかは形容詞によって決められる．選択される典型的な前置詞は a, con, de, en, para, por などである．

La excavación del túnel está próximo *a su finalización.* トンネルの掘削は完成に近づいている．

Estoy contento *con la vida que llevo.* 私は今の生活に満足している．

El salón estuvo lleno *de gente.* 広間は人々でいっぱいだった．

Parece perito *en asuntos de comercio y de finanzas.* 彼は商業と金融のことに精通しているようだ．

Este producto es perjudicial *para el medio ambiente.* この製品は環境に有害である．

形容詞の中には意味的に補語を要求するものもある．この種のものは形容詞の項的補語と呼ばれることもある．

Esta verdura tiene un sabor amargo, similar *a la lechuga.* この野菜はレタスと似た苦い味がする．

No estoy muy conforme *con su plan.* 私は彼の計画にあまり賛成ではない．

Ella es digna *de confianza* y fácil de tratar. 彼女は信頼できるし，付き合いやすい．

Esta colonia es apta *para hombres y mujeres* por igual. このオーデコロンは男性にも女性にも同じく適している．

El joven candidato es adecuado *para el puesto.* 若い候補者はそのポストに適任だ．

前置詞句が時間や場所を表す形容詞の付加語の機能を果たす場合もあ

—97—

Ⅲ. 形容詞および形容詞句

る.

La enseñanza es obligatoria *durante un periodo de nueve años.* 教育は
9年間義務的である.

Esta marca de vino no está disponible *en el mercado.* この商標のワイ
ンは市場では手に入らない.

Su argumento es coherente *hasta el final.* 彼の議論は最後まで一貫性
がある.

2) 前置詞＋不定詞構文

「前置詞＋不定詞」の構造が形容詞の補語の機能を果たすことがある.

Este tema es difícil *de entender.* この問題は理解するのが難しい.

Estoy ansioso *por volver a veros.* あなたたちにまた会いたいものです.

Estamos dispuestos *a ayudarlos.* 私たちは彼らを助ける準備ができて
いる.

Esta prueba es útil *para clasificar los materiales.* このテストは材料を
分類するのに役立つ.

3) 前置詞＋節

形容詞の補語となる名詞節は前置詞 de で導かれる.

Estoy contento *de que hayamos logrado el objetivo.* 我々が目標を達成
できたことをうれしく思う.

Estaban convencidos *de que todo saldría bien.* 彼らは万事うまく行く
だろうと確信していた.

前置詞の後に関係節や間接疑問節が現れることもある.

El niño es naturalmente curioso *por todo lo que lo rodea.* 子どもは本
来自分を取り巻くあらゆるものに好奇心を持つものだ.

No estoy seguro *de a qué hora saldrá el tren.* 列車が何時に出るのか
確信がない.

21. 名詞句内の形容詞の位置

　名詞句の中で主要部である名詞を2つ以上の形容詞が修飾する場合，その位置については3つの型が生じる.

1）形容詞＋形容詞＋名詞：el *primer gran* asalto al tren　最初の大列車強盗
2）名詞＋形容詞＋形容詞：una obra *literaria corta*　短編の文学作品
3）形容詞＋名詞＋形容詞：un *increíble* reto *japonés*　日本人の信じられない挑戦

　第1の型のように名詞の前に形容詞が2つ以上並ぶのは普通ではない. 特に品質形容詞が2つ以上並ぶことはまれである. しかし，上の例のように序数詞や限定詞的な形容詞が前置される場合は，それと品質形容詞が並ぶことがある.

　第2の型は普通に見られる. この場合，literaria のような関連形容詞が前，corta のような品質形容詞が後に置かれるのが通常である. どちらも品質形容詞の場合は等位構造になることもある：un cuento *raro y curioso*（珍しい奇妙な話）

　第3の型も普通に見られる安定したパターンである. 名詞の前には評価判断を表す品質形容詞，名詞の後には関連形容詞が置かれるのが普通である.

22. 形容詞の名詞化

　名詞と形容詞はともに性と数の文法範疇を持ち，形態的にも統語的にも密接な関係があり，両者の間の境界は流動的である．形容詞は接尾辞を付加する派生のような形態的変化なしで名詞化することがある．形容詞の名詞化には2種類あり，その1つは名詞の省略による文脈上の名詞化であり，もう1つは語彙的な名詞化である．

　A. 文脈上の名詞化 —— 文脈上の名詞化は臨時的なものである．名詞句の主要部である名詞が重複を避けるため省略され，その修飾語である形容詞が残されるもので，限定詞がそれに付く．形容詞は修飾語のままで前方照応的に省略された名詞の意味を担う．

　　Prefiero la camiseta blanca a *la azul*. 私は白いTシャツのほうが青いのより好きだ．

　なお，定冠詞の後の名詞句の省略については後で再び取り上げる（§26.9）．

　B. 語彙的な名詞化 —— 語彙的な名詞化（sustantivación）とは形容詞がその形式のままで名詞に転用（traslación）されることを指す．この場合，形容詞から転用された名詞は文脈とは関係なく人を指すのが原則である．使用頻度が高い場合は，辞書の形容詞の項目中に名詞としても記述されているが，記載がなくても臨時的に名詞化されることがある．文脈に依存せずに形容詞を名詞化するためには次のような手段が用いられる．

　1）冠詞を付ける．単数の場合も複数の場合もあるが，どちらも人の意味である．

　　olímpico（オリンピックの）> un *olímpico*（オリンピック選手）

　　responsable（責任のある）> el *responsable*（責任者）

　　特に定冠詞複数形が付くと，総称的な意味となる：los *ricos*（金持ちたち），los *honrados*（正直な人たち），los *fieles*（信者たち）

　2）冠詞以外の限定詞を前に置く．

　　muchos *pobres*（多くの貧しい人たち），algunos *famosos*（一部の有名人たち），mi *querida*（我がいとしい人）

22. 形容詞の名詞化

3) 形容詞を複数形にする．形容詞に冠詞など限定詞がなくても，複数形
になると，総称的な人を意味することが可能である．

　　un grupo de *encapuchados*（覆面をした者の集団），educación para
　　invidentes y *débiles visuales*（目の不自由な人と弱視者のための教育）
　　この場合，等位構造で現れることも多い．

　　buenos y *malos*（善人たちと悪人たち），*felices* e *infelices*（幸福な
　　人々と不幸な人々），*valientes* y *cobardes*（勇者たちと卑怯者たち）

23. 形容詞相当句

　形容詞相当句（locución adjetival）とは形容詞の機能を果たすように語彙化された句であり，その大部分は前置詞句である．形容詞と同時に副詞の機能を果たすもの，つまり副詞相当句にもなるものが多い．形容詞相当句を構成する主要な前置詞は a, de, en などである．

　　votos *a favor*（賛成票），la venta *al por mayor*（卸売），un disparo *a quemarropa*（至近距離からの発砲），un acuerdo *con reservas*（留保条件付きの合意），un libro *de bolsillo*（ポケットブック），un trabajo *de campo*（フィールドワーク），un billete *de ida y vuelta*（往復切符），un año *en blanco*（空白の 1 年），una oferta *en firme*（正式のオファー），un ministro *en funciones*（大臣代行），una victoria *por los pelos*（きわどい勝利），una acusación *sin fundamento*（いわれのない非難）

　接続詞 como は「como + 名詞」の構成で直喩的な表現を作り，副詞の機能を果たすことが多いが，形容詞相当句として機能するものもある．

　　mentiras *como puños*（真っ赤な嘘），una rata *como una casa*（ばかでかいネズミ），una victoria *como una catedral*（大勝利）

— 102 —

Ⅳ．限定詞

24. 限定詞の特徴

24.1. 限定詞とは

　限定詞は名詞に前置されて名詞句の一部を構成し，その名詞の指示対象を限定し，または数量化する役割を持つ．言い換えると，話し手が発話の中で述べる名詞がどの指示対象に言及しているか，またはどのくらいの数量の指示対象に言及しているかを示す働きを持つ．つまり，名詞の指示（referencia）と数量化（cuantificación）に関わる語類である．ただし，ここで言う名詞の指示対象とは言語外の世界にある現実の実体そのものを指すのではなく，話し手の述べる談話の世界の中に映し出された心理的な実体である．

　限定詞の大部分は性と数の文法範疇を持っていて語形変化する．性は名詞・形容詞と同じく男性・女性の2性の区別があるが，指示詞のうちの指示代名詞は中性の範疇を持つ：esto, eso, aquello

　音韻的に見ると，限定詞の中で定冠詞と所有形容詞には前置形があり，後接語としてその後に置かれる名詞と音群を構成する：*el* camino, *mi* casa

　統語的に見ると，限定詞は一般に名詞の前に置かれ，名詞句の一部を構成する．限定詞は名詞句の最前部に位置する構成素である．ただし，限定詞は名詞を伴わずにそれ自体で名詞句を構成することもある．一方で，限定詞は独自の修飾語や補語を取ることはない．

24.2. 限定詞の機能と種類

　スペイン語の限定詞は指示に関わる冠詞，指示詞，所有詞および数量化にかかわる数量詞に分けることができる．数量詞には数詞（uno, dos...）と不定数量詞（alguno, mucho...）が含まれる．

　指示対象に対する限定作用という観点から見ると，限定詞は定限定詞（determinante definido）と不定限定詞（determinante indefinido）に大別することができる．定限定詞の役割は談話の中で話題になっている人や事物の同定

— 104 —

24. 限定詞の特徴

を容易にすることである. つまり, 定限定詞は名詞句の指示対象を同定する働きをする. これに対し不定限定詞は名詞句の指示対象が同定不能であることを示す役割をする. 2種類の限定詞に属するのは次のような語類である.

1) 定限定詞 —— 定冠詞 (el, la...), 指示詞 (este, aquel...), 所有形容詞前置形 (mi, su...), 全称的数量詞 (todo, cada...)

2) 不定限定詞 —— 不定冠詞 (un, una...), 所有形容詞後置形 (mío, suyo...), 不定数量詞 (mucho, moco...), 数詞 (uno, dos...)

限定詞を広い意味での横断的語類としてとらえると, 関係形容詞 cuyo も定限定詞の中に含まれる.

不定限定詞の中で主要なものは不定冠詞であるが, 数量詞の大部分もこれに属する. 数量詞にはある集合に属する構成員全体を示す全称的数量詞 (cuantificador universal) または強数量詞 (cuantificador fuerte) と呼ばれるものがある. todo (すべての), cada (それぞれの), ambos (両方の) などがその例である. 全称的数量詞は定限定詞と共通する特徴を持つ. これに対し全称的でない数量詞は不定数量詞 (cuantificador indefinido) とか弱数量詞 (cuantificador débil) と呼ばれる. 例としては algún (ある), ningún (どの…もない), mucho (多くの), poco (わずかな), bastante (かなりの) などであり, すべて不定限定詞に属することになる.

本書で取り扱う限定詞は定限定詞の定冠詞, 指示詞および所有詞, また不定限定詞の中では不定冠詞を定冠詞とともにまとめて冠詞として扱う.

24.3. 限定詞と形容詞の相違

伝統文法では限定詞という品詞を特に立てることはなく形容詞の中に組み込まれていた. 形容詞は大きく2種類に分けられ, 限定詞に相当するものは性質や状を表す品質形容詞に対し限定形容詞と呼ばれた. どちらも名詞句の一部となり, 主要部の名詞を修飾し, その名詞と性・数の呼応を行う点では共通している. しかし, その統語的性質や文法的機能, 語彙的性質から見ると, 相違する点が多い. このため, 現在では一般の形容詞 (広い意味での品質形容詞) と切り離して扱い, 限定詞とするのが普通である. 一般の形容詞と比較すると, 限定詞には次のような特徴がある.

1) 語彙論的には限定詞は閉ざされた体系を構成する. 限定詞というグ

IV. 限定詞

ループを構成するメンバーは限られており，増えることはない．これに
対し形容詞は開かれた体系を構成し，新しい語彙が常に増える可能性が
ある．

2）意味的には形容詞は性質や性状など概念的な内容を表すのに対して，
限定詞は概念的内容が欠けているか希薄であり，文法的な機能を担って
いる．

3）統語的には形容詞は名詞句の中で名詞の後または前の位置を占め，そ
の語順は情報的または文体的な要因で選択される．これに対し，限定詞
の位置は文法的に定められていて名詞の前の位置を占めるのが原則であ
る．限定詞の種類によっては名詞の後に置くことも可能であるが，その
位置は統語的な規則に支配されており，制約がある．

4）同じく統語的に見ると，限定詞の大部分は名詞を修飾するだけでな
く，代名詞的にも用いることが可能である．例えば，指示詞の este は
形容詞（*esta* mesa　このテーブル）としても代名詞（*esta* es una mesa　これ
はテーブルだ）としても用いることができる．形容詞は限定詞の助けを
借りないと代名詞的に用いることはできない．

― 106 ―

25. 冠詞

25.1. 定と不定

名詞句の主要部となる名詞は，その指示対象が発話場面または文脈によって既知のものであるかどうかを区別することが可能である．既知のものとして限定されていれば定（definido）であり，限定されていなければ不定（indefinido）である．このような名詞とその指示対象との関係に関わる文法範疇を定性（definitud）と言う．定性は意味的・機能的な概念であるが，特にスペイン語のように冠詞を持つ言語では形態上でも明示される範疇である．冠詞はとりわけ名詞の定性の有無を示す働きを持つ限定詞である．

定冠詞，指示詞，所有詞など定限定詞が付いた普通名詞は定名詞句を構成する．また，固有名詞と人称代名詞はそれ自体で定名詞句を構成する．

Hoy he leído {*la* ~ *esta* ~ *tu*} *carta.* 今日私は{その～この～君の}手紙を読んだ．

{*Ana* ~ *Ella*} envió un correo electrónico. {アナ～彼女}はメイルを送った．

定限定詞は名詞句の主要部である名詞に性・数の呼応を行うが，主要部名詞だけに関わるのではなく，修飾語を含む名詞句全体を限定し，その意味解釈に関わりを持つ．

不定名詞句には不定冠詞などの不定限定詞が付くことが多いが，まったく限定詞が付かない場合も含まれる．これを無冠詞名詞句あるいは裸の名詞句と言う．

Hoy he leído {*un libro* ~ *muchos libros*}. 今日私は{ある本～たくさんの本}を読んだ．

Hoy he leído *libros.* 今日私は（いろいろ）本を読んだ．

以上をまとめると，定名詞句および不定名詞句を構成する名詞は次のとおりである．

1）定名詞句を構成する名詞 —— 定限定詞（定冠詞，指示詞，所有詞，全称的数量詞）の付いた普通名詞，固有名詞

Ⅳ. 限定詞

2）不定名詞句を構成する名詞 —— 不定限定詞（不定冠詞，不定数量詞）
の付いた普通名詞，無冠詞の普通名詞

25.2. 特定と非特定

定性と関連するが，それとは区別しなければならない文法範疇として特定
性（especificidad）がある．名詞句の指示対象としてその場面または文脈の中
で具体的な唯一の個体に言及が可能な場合は特定的（específico）であり，そ
うでない場合は非特定的（inespecífico）である．例えば，次の2文に含まれ
る un empleado はどちらも不定名詞句を構成しているが，

Buscamos *un empleado que hable español.* 私たちはスペイン語の話せる
（ような）社員を探している．

Buscamos a *un empleado que habla español.* 私たちはスペイン語の話せ
る（ある）社員を探している．

前の文の名詞句は具体的な人物に言及していないので非特定的，後の文の名
詞句は具体的な人物に言及したものと解釈されるので特定的である．このよ
うに不定名詞句は特定と非特定どちらの読みも可能である．

一方，定名詞句は特定的である場合が多いが，非特定的な場合もある．例
えば，次の2文は，どちらも la persona を主要部とする定名詞句を含む．

Es *la persona que puede realizar el proyecto.* 彼は計画を実現できる人
だ．

Ofrecen un premio a *la persona que pueda solucionar el problema.* その問
題を解くことができた人には賞金が出る．

しかし，前の文では具体的な唯一の人物に言及しているため特定的である
が，後の文ではどんな人物でも可能なので非特定的である．

25.3. 冠詞の種類と定性

冠詞は限定詞の1種であり，発話の中で名詞とその指示対象との関係を規
定する定性の表示に関わる．スペイン語の冠詞には定冠詞と不定冠詞の2種
類があり，どちらも名詞の前に現れる．フランス語やイタリア語には不可算
名詞に付く部分冠詞という種類が存在するが，スペイン語には存在しない．

－108－

25. 冠詞

発話の中で名詞は冠詞を伴って現れることが 非常に多いので，それと対比して冠詞の付かない無冠詞名詞句は名詞にゼロ冠詞 (artículo cero) が付いていると見なす考え方もある．また，ゼロ冠詞と無冠詞とを区別する説も存在する．しかし，あえてゼロ冠詞を仮定しなければならない根拠は乏しいため，ここでは認めない．ただ便宜上，無冠詞の場合は必要に応じ ø で表示することにする．

スペイン語における名詞の定性は冠詞を中心とする限定詞の種類とその有無によって表示される．ただし，固有名詞は本質的に定性を持っていて限定詞による表示を必要としないため除外しなければならない．普通名詞は可算名詞と不可算名詞に分けることができるので，それぞれについて冠詞による定性の表示を図式化すると，次のようになる．可算名詞の例として libro (本)，不可算名詞として vino (ワイン) を示し，無冠詞は ø で表す．

		可算名詞		不可算名詞
		単数	複数	単数
不定	範囲無限定	ø libro	ø libros	ø vino
	範囲限定	un libro	unos libros	—
定		el libro	los libros	el vino

不定 (indeterminado) は数量的に範囲が限定される場合 (delimitado) と無限定の場合 (no delimitado) に分けることができる．両者の対立は数を数えられる可算名詞に限って見られるもので，不定の不可算名詞は常に無限定である．範囲無限定は形式的には無冠詞であることが特徴である．どんな名詞でも無冠詞単数で現れることが可能であるが，発話場面とは切り離された非指示的な特徴を持っている．辞書の見出しがその典型的な場合である．無冠詞単数名詞は抽象的，概念的な意味内容を表し，数量には言及しない．可算名詞の場合，発話の中で指示対象には言及しない非指示的な特徴を持ち，主に前置詞句などに現れる．名詞に冠詞などの限定詞が付くと，その名詞は数量化される．限定詞が付かない可算名詞複数形は数量化されておらず，個体が２つ以上ある範囲無限定の集合を示す．

可算名詞が不定かつ数量限定の場合，単数では不定冠詞 un，複数の場合は不定冠詞 unos が付く．不定冠詞 un は個体が１つだけであるという数量的な範囲限定を示す．複数の unos は個体が２つ以上あるが，その個体を成

— 109 —

Ⅳ. 限定詞

員とする集合全体の中で部分集合であることを示す．したがって，数量的に
は範囲限定的であり，個体の数があまり多数ではないことが示される．

スペイン語の可算名詞が発話の中で名詞句として現れる場合，単数形が無
冠詞で現れることは通常はない．不定の場合は不定冠詞付きで現れる．これ
に対応する不定の複数は無冠詞であることに注意する必要がある．不定冠詞
複数形が付くと数量的に限定されることになる．

Compré un libro. 私は本を1冊買った．（ある本を1冊だけ）

Compré libros. 私は本を何冊か買った．（2冊以上何冊でも）

Compré unos libros. 私は本を数冊買った．（2冊以上だが少数）

不可算名詞が不定の場合は常に無冠詞である．ただし，不可算名詞に数量
表現が加わって加算名詞化することもある．不定冠詞 un が付くと，数えら
れる1個の単位を示すことになる．

Compré vino. 私はワインを買った．

Compré un vino. 私はワインを1本買った．

一方．定（determinado）の場合は可算名詞・不可算名詞ともに定冠詞付き
となる．

Compré el libro. 私はその本を買った．

Compré los libros. 私はその（何冊かの）本を買った．

Compré el vino. 私はその（銘柄の / 話題の）ワインを買った．

25.4. 冠詞の位置および呼応

25.4.1. 冠詞の位置

冠詞は名詞の直前に置かれる．名詞の前に修飾語があればその前に置かれ
る．つまり，冠詞はかならず名詞句の先頭に置かれる：una ciudad（ある都
市），una gran ciudad（ある大都市）．ただし，例外的に数量詞の todo は冠詞
の前に現れる．

Todo el mundo sabe lo que hizo. 彼がやったことは誰でも知っている．

Tomamos café *todos* los días. 私たちは毎日コーヒーを飲む．

Enviaron el mensaje a *todo* un grupo de personas. その知らせはグループ
全員に送られた．

また，焦点の副詞（adverbio de foco）と呼ばれるものの一部 solo, incluso

—110—

などは冠詞の前に置かれるのが常である.

> En ese momento yo era *solo* un niño inocente. その頃，私はただの無邪気な子どもだった.

> *Incluso* los hombres más valientes temen a la muerte. もっとも勇敢な男でさえ死を恐れる.

25.4.2. 冠詞の呼応

冠詞は修飾する名詞と性・数を一致させなければならない：*un* pájaro（一羽の鳥），*una* familia（ある家族），*el* patio（その中庭），*los* problemas（その問題）．ただし，中性の定冠詞 lo は名詞に付くことがないので，呼応も行わない.

定冠詞は不定詞や名詞節に付くことがある．その形式は男性単数形 el に限られる.

> Desde la terraza se puede contemplar *el* ir y venir de la gente al edificio. テラスからは建物への人々の出入りを眺めることができる.

> Nos preocupa *el* que esa empresa esté infringiendo las normas antimonopolio. 我々はその会社が独占禁止法に違反しているのではないかと懸念している.

冠詞は個々の名詞に付くのが原則である． 2つ以上の名詞が等位構造となっている場合は，名詞のそれぞれに冠詞が付くのが原則である.

> *El calor y el frío* extremos pueden causar trastornos potencialmente mortales, como los golpes de calor o la hipotermia. 極端な暑さや寒さは熱中症や低体温症といった生命を脅かすような障害を引き起こす可能性がある.

> Si *la niña o el niño* está unido a la madre o a su apoderado, esta persona tendrá la obligación de proporcionarle sustento. 子どもが母親またはその代理人と同居している場合，その人は子どもを扶養する義務を負うことになる.

しかし，等位構造の名詞が成句や一まとまりのグループを構成している場合は，その前に1つだけ冠詞が付くこともある．その場合，冠詞は直後の名詞の性・数に一致する.

> El autor ha investigado *la vida y milagros* de un famoso pintor español. 著

―111―

IV. 限定詞

者はある有名なスペインの画家の生涯について研究してきた.

El gobierno debe tomar medidas que aseguren la protección de *la niña o niño* y los cuidados necesarios para su bienestar. 政府は子どもの保護とその福祉に必要な世話を確保するための措置を講じなければならない.

<参考6>　印欧諸語の冠詞

　近代ヨーロッパの言語には冠詞を持つものが多い. スペイン語と同じロマンス諸語に属するポルトガル語, カタルーニャ語, フランス語, イタリア語, ルーマニア語などのほか, ゲルマン語系の英語, ドイツ語, オランダ語, スウェーデン語, デンマーク語なども冠詞を持つ. しかし, ロシア語, ポーランド語, チェコ語などスラヴ諸語の大部分はブルガリア語およびマケドニア語のような例外を除いて冠詞がない. ロマンス諸語の祖語であるラテン語も冠詞がなかった. 以上挙げたような言語は系統的には印欧語族に属しているが, その共通の祖先とされる印欧祖語には冠詞は存在しなかったと推定されている. 冠詞を持たないスラヴ語派の大多数の言語やアジアに分布するインド・イラン語派のヒンドゥー語, ウルドゥー語, ベンガル語などは印欧語族の古い状態を保っていることになる.

　印欧諸語の中で冠詞を発達させた最古の言語と見られるのはギリシャ語である. 紀元前8世紀頃の詩人とされるホメロスの作品には指示詞が定冠詞的に用いられる原初的な例が現れると言われる. 古典ギリシャ語では定冠詞が確立していたが, 不定冠詞はまだなかった. 冠詞を持たなかったラテン語では帝政期以降の俗ラテン語で指示詞 ille (あの) や ipse (それ自身) を定冠詞的に用いる例が出現し始める. 8世紀頃に成立するロマンス語には冠詞が見られるが, 初期にはまだ使用にばらつきがあり, 用法も確立していなかった. 不定冠詞は数詞の unus (1つ) から発展した. この数詞を quidam (ある種の) の意味で用いる語法はすでに古典ラテン語から例があると言われるが, ロマンス諸語で不定冠詞として確立した. ロマンス諸語と並行してゲルマン諸語も冠詞を発達させて行った.

　同じ冠詞と言っても言語によってその機能や用法には微妙な違いがある. 英語やフランス語の冠詞の用法がそのままスペイン語に当てはまるわけではない. スペイン語と同じロマンス語系のフランス語やイタリア語で特異なの

は定冠詞・不定冠詞のほかに部分冠詞 (artículo partitivo) と呼ばれる種類を発達させたことである．スペイン語でも古い時代には部分冠詞の萌芽のような語法が見られたが，定着せずに消えてしまった．フランス語の部分冠詞は不可算名詞の前に置かれて若干の数量や物質の一部分を表すのが基本的な用法である：Je mange *du* pain. / Je bois *de la* bière. スペイン語ではこのような場合，名詞は無冠詞となる：Como pan. (私はパンを食べる) / Bebo cerveza. (私はビールを飲む)

26. 定冠詞

26.1. 定冠詞の形式

定冠詞は名詞の前に付けられ，その名詞を主要部とする名詞句が定であることを示す．定冠詞は，それが修飾する名詞の性と数に呼応して次のように変化する．

	単数	複数
男性	el	los
女性	la / el	las
中性	lo	—

定冠詞は名詞の前に置かれ，名詞の前に修飾語があればその前に置かれる．つまり，定冠詞は名詞句の必ず先頭に立つ．ただし，前記のとおり，数量詞の todo は例外で，かならず定冠詞の前に置かれる：*todo* el día（一日中），*toda* la noche（一晩中），*todas* las mañanas（毎朝）

音韻的に見ると，定冠詞は無強勢語であり，その直後の強勢語とアクセント句（grupo acentual）を構成する：la mesa [lamésa]．形態統語的に見ると，定冠詞は単独で発話に現れることのない付属語（palabra dependiente）であり，無強勢の接語（clítico）である．接語としての定冠詞は，その後に来る自立語のホストに対し後接し，接語句（grupo clítico）を構成する（接語句については本シリーズ第2巻 §1.6 を参照）．

26.2. 定冠詞の女性形

定冠詞の女性単数形には la のほかに el という男性単数形と同音の形式がある．この形式は強勢のある /a/（正書法上では a-, á- または ha-）で始まる女性名詞の直前で用いられる．次のような名詞が該当する．

—114—

26. 定冠詞

el acta（議事録），el águila（ワシ），el ala（翼），el alga（海藻），el álgebra（代数），el alma（魂），el ama（女主人），el arma（武器），el asa（取っ手），el habla（話すこと），el haba（ソラマメ），el hacha（斧），el hada（妖精），el hambre（空腹）

しかし，同じ位置でも無強勢の /a/ で始まる女性名詞の場合は el ではなく，la が用いられる：la aguja（針），la amiga（女友だち），la abeja（ミツバチ），la hamaca（ハンモック），la harina（小麦粉）．女性名詞に el を用いるのは同じ母音 /a/ の連続を避けるため生じた現象である．したがって，定冠詞と名詞が直接に接しないでその間に形容詞など別の語が挿入される場合は，通常の la が用いられる：la gran águila（大きなワシ）．冠詞の直後に来る形容詞が強勢のある /a/ で始まっていても，冠詞の形式は不変である：la amplia gama de colores（多彩な色）．冠詞が複数形となる場合は /a/ 音の連続は起きないので，形式に変化は起きない：las águilas, las armas, las hachas．また，名詞に縮小辞など接尾辞が付いて語頭の強勢が移動した場合も前記の規則は適用されず，通常の la が用いられることになる：el hada > la hadita（小妖精）．なお，女性名詞に el が付いても，性が変化したわけではないので，これを修飾する形容詞の呼応には影響しない．

El área del problema es muy *pequeña*．問題の分野は非常に小さい．

なお，定冠詞女性形の el は語源的には男性形の el が転用されたわけではなく，中世スペイン語の女性形 ela に由来し，語尾母音が脱落した結果，同音形式となったものである．しかし，今日ではそのような由来は忘れられて，一般の話者は男性形 el の転用と見なしているようである．

以上の女性名詞に男性と同形の定冠詞 el を用いる規則には例外があり，次のような場合は，強勢のある /a/ で始まる名詞の直前であっても la を用いなければならない．

1）アルファベットの文字名：*la* a（A），*la* hache（H）．アルファベットの文字名はすべて女性名詞である．暗黙のうちに女性名詞 letra が省略されていると考えることができる．上記2つの文字は強勢のある /a/ で始まるが，el ではなく例外的に la が用いられる．ただし，この例外はラテン・アルファベットのみに起きるもので，ギリシャ語アルファベットには原則どおりの冠詞形式が用いられる：*el* alfa（アルファ）

2）女性の人名：*la* Ana de mi clase（私のクラスのアナ）

— 115 —

Ⅳ. 限定詞

3）固有名および頭字語：*la* Apple（アップル社），*la* Audi（アウディ社），*la* AFE（Asociación de Futbolistas Españoles スペイン・サッカー選手協会）

4）国，地方および都市などの地名で女性扱いとなるもの：*la* Ávila de la Edad Media（中世のアビラ），*la* Austria habsburguesa（ハプスブルク時代のオーストリア）．この類型には定冠詞付きの地名も含まれる：*La* Haya（ハーグ）．通常，女性扱いとなるのは語尾が -a で終わる地名である．しかし，大陸名には原則どおりの冠詞形 el が用いられる：*el* África subsahariana（サハラ以南のアフリカ），*el* Asia central（中央アジア）

5）性共通名詞で女性を示す場合．名詞自体に性を示す形態的特徴がないため，冠詞のみが性を示す標識として役立つ：*el* árabe（アラブ人男性）/ *la* árabe（アラブ人女性），*el* ácrata（無政府主義者の男）/ *la* ácrata（無政府主義者の女）．

人を表す名詞のうち語尾で性が明示されるものは，性別を示すのに冠詞の助けは必要としないので，強勢のある /a/ で始まる場合，原則どおり el が付けられる：*el* ama（主婦）．ところが，比較的最近形成された女性名詞の中には，例外的に la を用いる場合がある：*la* árbitra（審判）．この語が 1980 年代に形成される前は女性であることを示すために *la* árbitro という形式が用いられていた．女性形ができた後も la を用いるのはその影響あるいは他の女性を表す職業名と同様に扱おうとするためと推定される（RAE, 2009: I, §14.2p 参照）．しかし，このような例は非常にまれである．

26.3. 前置詞と定冠詞の縮約形

スペイン語では前置詞 a と de の 2 語に限って定冠詞との縮約形（forma contracta）がある．すなわち，a, de の後に定冠詞 el が現れると，2 語が融合してそれぞれ al および del という形式に変わる：ir *al* trabajo（仕事に行く），la ayuda *del* extranjero（外国からの援助），la salida *del* tren（列車の出口）．定冠詞 el は女性名詞に付く場合も当然に含まれる：las alas *del* águila（ワシの翼）

しかし，同じ環境であっても，次のような場合は例外的に縮約形とはならない．

1）地名や人名，作品名などの固有名で定冠詞がその一部となっている場

— 116 —

合．これらの固有名では定冠詞が大文字で書かれるのが普通である．

> la visita *a* El Escorial（エル・エスコリアル訪問），el gobierno *de* El Salvador（エル・サルバドル政府），el museo *de* El Prado（プラド美術館），el autor *de* El Alcalde de Zalamea（「サラメア村長」の作者）

しかし固有名でも，定冠詞がその一部を構成しているとは見られない場合は，通常の縮約形を用いる．

> el viaje *al* Amazonas（アマゾン川への旅行），la región *del* Caribe（カリブ地域），los personajes *del* Quijote（ドン・キホーテの登場人物），las obras *del* Greco（エル・グレコの作品）．

ちなみに，これらの固有名では文頭でない限り，定冠詞は小文字で書くのが原則である：*el* Quijote, *el* Amazonas, *el* Greco

以上は正書法の原則に従うものであるが，日常的なくだけた話し言葉では１）の場合でも定冠詞語尾の [e] が脱落し，縮約形のような発音になることがある．

２）定冠詞を含む名詞句が引用符に中に入っている場合

> la rebeldía de "El Caudillo de Sur"（「南部の首領（メキシコで Emiliano Zapata を指す）」の反乱）

26.4. 定冠詞と他の限定詞との共起

定冠詞は名詞の前に置かれるが，同様に名詞の前に置かれる他の限定詞との共存には制約がある．所有形容詞の場合，名詞に前置される所有形容詞前置形と共起することはできないが，後置形とは共起できる：*los* amigos *suyos*（あなたの友人たち）．名詞の前に置かれる指示形容詞も定冠詞と共存することはできないが，例外的に名詞の後に置けば共存可能である：*el* tipo *ese*（あの男）．これについては指示詞の項（§30.7）で取り上げる．

全称的数量詞の todo は定冠詞と共起可能であるが，定冠詞の前に置かれる．ambos との共起はまれ，cada は共起不可能である．

> Estuvo lloviendo *todo* el día sin parar. 一日中雨が絶えず降っていた．

> Se debe mirar por los *ambos* lados cuando se acerque al cruce. 交差点に近づいたら両側をよく見なければいけない．

不定数量詞の alguno, ninguno は意味上の制約から共起不可能であるが，

IV. 限定詞

その他のものは制約がないのが普通である.

Escribió sobre los *muchos* tipos de experiencias religiosas. 彼は多くの種
類の宗教的体験について書いている.

El autor fue detenido a los *pocos* días. 犯人は数日後に逮捕された.

26.5. 定冠詞の機能と用法

26.5.1. 定冠詞の機能

定冠詞は定限定詞の一つである. 定冠詞の付いた名詞句は, 話し手と聞き
手が共有する談話世界の中で話し手が聞き手にとって名詞の指示対象の存在
が同定可能であると判断する名詞に言及することを示す. それはあくまで話
し手の判断次第であって, 実際に聞き手がその指示対象を同定しているかど
うかは問題ではない.

名詞句の主要部名詞が単数の場合, その指示対象は, それが属する集合の
中で唯一の存在であることを前提する.

He leído *el libro*. 私はその本を読んだ.

複数の場合は, その集合の中で同定可能な一定数の事物が存在することを
前提とする.

Puedes acceder a *los libros* en el despacho. 書斎の本を利用してかまわな
いよ.

libro のような普通名詞はある種類のものの集合を示すので, 定性を表す
定冠詞が付くと, 単数の場合はその集合の中の特定の個体, 複数の場合は特
定のグループが談話の中に取り出されることになる.

26.5.2. 定冠詞の指示的用法

定冠詞には大別して指示的用法, 総称的用法, 名詞化用法および指示代名
詞的用法がある. 指示的用法は定冠詞の典型的な用法であり, 発話の文脈,
発話場面および話し手と聞き手の共有する知識から指示対象が同定可能であ
ると話し手が判断する名詞句に定冠詞が付けられる. 発話の文脈からの照応
で定冠詞が付けられる場合は, テキスト内照応あるいは内部照応 (endófora)
と呼ぶこともある. これはさらに前方照応, 連想照応および後方照応に下位
分類することができる.

— 118 —

26. 定冠詞

A. 文脈による照応

1) 直接照応 (anáfora directa) ―― 先行する文脈から名詞句の指示対象が同定可能な場合. 言い換えると, 文脈ですでに述べられた事物に言及する場合を直接前方照応または単に直接照応と呼ぶ. 文脈上後続する名詞は先行する名詞と同じか, その類義語や言い換えた語で, 同一指示 (correferencia) の関係にある.

> Estoy buscando un libro. *El libro* trata de la leyenda negra española. 私はある本を探している. その本はスペインの暗黒伝説を扱ったものだ.

> Un equipo de investigadores recogió mariposas raras en un bosque de Bután. Las alas de *las mariposas* miden unos 12 centímetros de extremo a extremo cuando están abiertas. ある研究者チームがブータンの森で珍しいチョウを採取した. そのチョウの羽は開くと端から端まで約12センチある.

> Pues, érase que se era una mujer que tenía una hija y una hijastra. *La hijastra* llamábase Nola y *la hija* Marta. さて, 昔々実の娘一人と継娘一人がいる女がいました. 継娘はノラ, 実の娘はマルタという名でした.

> Muere una mujer en Benidorm tras ser atacada por un tigre. *La víctima* es una trabajadora del parque Terra Natura. ベニドルムで女性がトラに襲われて死亡した. その犠牲者はテラ・ナトゥラ公園の従業員である.

2) 連想照応 (anáfora asociativa) ―― 先行する文脈の名詞句に対し後続する文脈の中の名詞句がまったく同一の指示対象を表すものではないが, それと関連する内容を表すものを指す場合がある. これも広い意味で前方照応の一種であるが, 連想的前方照応または単に連想照応と言う. 先行して連想を生じさせる項目はアンカー (ancla) と呼ばれる. 先行するアンカーはかならずしも名詞句でなくてもよい.

> Hemos tomando un taxi. *El taxista* era un anciano callado. 私たちはタクシーに乗った. 運転手は無口な老人だった.

> El profesor ha publicado un nuevo libro. *El título* es "Metáfora y metonimia en la vida cotidiana". 先生が新しい本を刊行した. その

― 119 ―

IV. 限定詞

タイトルは「日常生活のメタファーとメトニミー」だ.

El año pasado viajé por Andalucía. *El viaje* era placentero y fructuoso.
去年, 私はアンダルシーアを旅行した. 旅行は楽しくて実りの多いものだった.

Según el nuevo decreto, los bares y restaurantes tendrán que facilitar que *el cliente* se lleve los alimentos que no haya consumido. 新しい政令によると, バルとレストランは客が食べ残した食品を持ち帰れるよう便宜を図らなければならない.

3）後方照応（catáfora）── 名詞の後に修飾語または補語が続き, その後続する文脈によって名詞の指示対象が限定される場合を後方照応と言う. この場合, その名詞句が初出であっても指示対象が同定できるほどの情報があると判断され, 定冠詞が用いられる.

Fue *el comienzo* de un largo viaje para mí. それが私にとって長い旅の始まりだった.

Escondió en el cajón *la carta* que estaba leyendo. 彼は読んでいた手紙を引き出しに隠した.

Llevaba *la camiseta* que compró ayer en un supermercado. 彼は昨日スーパーで買ったTシャツを着ていた.

No estoy de acuerdo con *los argumentos* que exponen. 彼らが述べる主張には賛成できない.

A veces se produce una situación en la que *el precio* de un bien sube más alto de lo que vale en realidad. 時としてある財物の価格が実際の価値よりも高くなってしまうという状況が起きる.

B. 外界照応

名詞句の指示対象が発話の文脈には現れないが, 発話場面または周囲の状況から同定可能であると話し手が判断した場合である. 外界照応（exófora）または発話場面による照応とも言う. この場合, その名詞句が初出であっても発話場面から指示対象が同定可能であると判断され, 定冠詞が用いられる.

Cierre *la puerta*, por favor. どうぞドアを閉めてください.

Nos veremos en *el bar* esta tarde. 今日の午後（いつもの）バルで会おう.

Está prohibido fumar en *la sala de espera*. 待合室では禁煙です.

Si tienes fiebre, deberías ver *al médico* inmediatamente. 熱があるならすぐ

医者に見てもらったほうがよい.

外界照応の一部として定冠詞が時間的な指示を行う場合もある. これは話し手が聞き手にとって了解可能と思われる現時点から近接した時を示す. 日付や曜日の表現がその典型的な場合である. 発話場面により過去の時を示す場合もあれば現在または未来の時を示す場合もある.

Tengo que volver a casa para *el miércoles*. (今週) 水曜日までには家に戻らなければならない.

El barco llegó *el domingo* a Yokohama. 船は (前の) 日曜日に横浜に着いた.

El informe anual se presentará a más tardar *el 31* de marzo. 年次報告は遅くとも3月31日に発表されるだろう.

時間表現に付く定冠詞についてはさらに §26.7 で取り上げる.

C. 共有知識による照応

話し手と聞き手が共有している一般的な知識から名詞の指示対象が同定可能であると話し手が判断する場合である. その主要な場合は世界で唯一と見なされる事物や世間一般で周知されていると見なされる人・事物, 組織・機関などの固有名, 公的な役職, 話し手と聞き手が記憶を共有している個人的な出来事などである.

Ya se ha puesto *el sol*. もう日が落ちた.

El presidente de la república es elegido por el voto directo de los ciudadanos para un período de cuatro años. 共和国大統領は4年の任期で国民の直接投票により選挙される.

La OMS declaró la alerta internacional ante la imparable expansión del coronavirus. WHO はコロナウィルスの感染拡大に歯止めがかからないとして国際的警報を発表した.

¿Te acuerdas *del día* en que nos conocimos? 私たちが知り合った日のことを覚えているかい.

26.5.3. 所有の用法

定冠詞の所有用法 (uso posesivo) とは文中で主語や補語となる人に属する身体部位またはその人と密接な関係のある所有対象を表す名詞句に定冠詞が付けられる場合である. 手, 足, 頭などの身体部位はその所有者の身体の一

Ⅳ. 限定詞

部であり，分離して他者に譲渡することはできない．このような所有者と所有対象との関係を譲渡不能所有（posesión inalienable）と言う．この他に所有者の身体・精神の状態や衣服，日常使用する道具など所有者と密接な個人的領域にあるものもこの関係に相当する．このような譲渡不能所有の場合，スペイン語では所有対象に定冠詞を用いるのが常であり，通常，所有形容詞は用いられない．

> Levanten *la mano* si están de acuerdo. 賛成の人は手を上げてください．
>
> Me duelen *los pies*. 私は足が痛い．
>
> Quítense *el sombrero* dentro de la iglesia. 教会の中では帽子をとってください．
>
> Me he dejado *el paraguas* en el tren. 私は電車に傘を忘れた．
>
> El piloto perdió *la conciencia* a raíz de una hipoxia. 操縦士は低酸素症のため意識を失った．

所有用法の定冠詞と所有形容詞の関係については所有詞の項（§30.7）でも取り上げる．

26.5.4. 総称的用法

総称的用法（uso genérico）とは，定冠詞の付く名詞が個別的な指示対象ではなく，それが属する種類全体を指す場合である．定冠詞が付く名詞句は単数の場合と複数の場合がある．単数の場合，その名詞句は指示する種類の中の1つを典型として取り出すことによってその種類全体を提示することになる．複数の場合には，その種類のメンバー全部に言及することによってその種類全体を提示することになる．不可算名詞の場合は当然単数だけとなる．いずれにしても総称の定名詞句の指示対象は非特定的であり，具体的な特定の個体を指すわけではない．

総称表現の主語に対応する述語はその集合全体の特徴を表す．

> *El perro* es un mamífero carnívoro de la familia de los cánidos. 犬はイヌ科の肉食哺乳類である．
>
> *Los perros* pueden percibir personas enterradas con su sentido del olfato. 犬は嗅覚で知っている人を知覚できる．

総称表現の述語は未完了アスペクトの時制，すなわち現在または未完了過去となることが多いが，その他の時制も現れることがある．

― 122 ―

26. 定冠詞

La malaria es una fiebre intermitente causado por picadura de un mosquito.
マラリアは蚊に刺されることによって起こる間欠性の熱病である.

Los mamuts se establecían en zonas heladas. マンモスは寒冷地帯に定住
していた.

El microscopio ha sido una de las herramientas esenciales para el estudio de
las ciencias de la vida. 顕微鏡は生命科学の研究にとって欠かせない道
具の一つとなっている.

　総称用法の定名詞句は主語だけでなく他の文要素, 特に直接補語として現
れることもあるが, 主語に比べると総称的解釈を受ける場合はまれである.

Edison inventó *la bombilla incandescente.* エディソンは白熱電球を発明
した.

El descubrimiento del átomo cambió *la física* y *la forma de entender el
mundo y la materia.* 原子の発見は物理学を変え, 世界と物質を理解す
る方法を変えた.

26.5.5.　名詞化用法

　定冠詞は形容詞句に付いてそれを名詞化する働きを持つ. これが名詞化用
法 (uso sustantivador) で, 「定冠詞＋形容詞句」という構成をとる.

　先行する文脈があれば, そこに現れる名詞句の主要部である名詞が省略さ
れていると解釈される.

Prefiero la literatura clásica a *la contemporánea.* 私は古典文学のほうが現
代文学よりも好きだ.

Me he comprado un ordenador nuevo y es más rápido que *el anterior.* 私は
新しいパソコンを買ったが, 前のものより速度が早い.

前の文の斜体部分では名詞 literatura, 後の文では同じく ordenador が省略さ
れていると解釈することができる.

　先行する文脈がない場合は, その指示対象は形容詞が表す性質を持った人
と解釈されるのが普通である.

Para *el honrado* la vergüenza es peor que la muerte. 正直な人にとって恥
辱は死よりも悪いことだ.

Los inteligentes no son los que saben más cosas. 賢い人は最もものを知っ
ている人というわけではない.

― 123 ―

Ⅳ．限定詞

Eso es importante para *los grandes*, y aún más importante para *los pequeños*. それは大人にとって重要であり，子どもにとってはなおさら重要である．

　定冠詞と同様，不定冠詞も名詞化の機能を持つため冠詞は名詞化辞（sustantivador, nominalizador）と呼ばれることもある．ただし，名詞化辞は冠詞に限らず，その他の限定詞や数量詞も名詞化の機能を持っている．

26.5.6.　指示代名詞的用法

　1）《定冠詞 + de + 名詞》―― 定冠詞は de で導かれる前置詞句の直前に置かれ，その前置詞句を名詞化することがある．この場合，先行する文脈があれば，そこに現れる名詞句の主要部名詞が省略されていると解釈されるが，先行文脈がなければ，一般に人と解釈される．

　　　Tiene los ojos azules como *los de su madre*. 彼は母親同様に青い目をしている．

　　　La reapertura de colegios no es tan fácil como *la de comercios*. 小学校の再開は商店ほど容易ではない．

　　　No nos importa qué hagan *los de arriba*. 上の人たちが何をしようと我々は気にしない．

　2）《定冠詞 + que 関係節》―― 関係代名詞 que の前に定冠詞が置かれ，複合的関係代名詞を構成することがある．

　　　La pandemia golpea más a *los que menos tienen*. 世界的流行病は最も貧しい人々により多く打撃を与える．

　　　No toda la grasa es igual de perjudicial: *la que acumulamos en la zona abdominal* duplica el riesgo de mortalidad. あらゆる脂肪が同じように有害なわけではない．腹部に蓄積される脂肪は死亡の危険を倍増させる．

26.6.　固有名と定冠詞

26.6.1.　定冠詞が付く地名

　普通名詞と異なり，固有名詞は特定された唯一のものを指すので，文法的に定性を表示する必要はなく，冠詞は付かないのが原則である．しかし，地

－124－

26. 定冠詞

名または地理名称には定冠詞を付けるのが慣習的なものがある．また，通常は定冠詞の付かない地名や人名に場合によって定冠詞が付くこともある．

A. かならず定冠詞が付く地名

1）地名の中には慣習的に定冠詞が付き，それが地名の一部を構成しているものがある．この場合，定冠詞は大文字で始める．主に都市名である．

《国名》　El Salvador（エル・サルバドル）

《都市名》El Cairo（カイロ），El Paso（エルパソ［米国］），El Tajín（エル・タヒン［メキシコ］），La Coruña（ラ・コルーニャ），La Habana（ハバナ），La Haya（ハーグ），La Meca（メッカ），La Paz（ラ・パス），Las Palmas（ラス・パルマス），Las Vegas（ラスベガス［米国］），Los Ángeles（ロサンジェルス［米国］）

《地域名》La Alcarria（ラ・アルカリア［スペイン］），La Boca（ラ・ボカ［アルゼンチン］），La Mancha（ラ・マンチャ［スペイン］），Las Marismas（ラス・マリスマス［スペイン］）

2）海洋（océano, mar），諸島（islas），山・山脈（monte, montes），湖（lago），河川（río）などの地理名称は，その種類を表す普通名詞が省略される場合，かならず定冠詞が付く．この場合，定冠詞は文頭でない限り小文字である．

《海洋》　　el Atlántico（大西洋），el Egeo（エーゲ海），el Índico（インド洋），el Mediterráneo（地中海），el Pacífico（太平洋）

《諸島》　　las Antillas（アンティリャス諸島），las Azores（アゾレス諸島），las Bahamas（バハマ諸島），las Canarias（カナリア諸島），las Marianas（マリアナ諸島）

《山・山脈》el Aconcagua（アコンカグア山），el Cervino（マッターホルン），el Cotopaxi（コトパクシ山），el Huascarán（ワスカラン山）；los Alpes（アルプス山脈），los Andes（アンデス山脈），los Pirineos（ピレネー山脈）

《河川》　　el Danubio（ドナウ川），el Ganges（ガンジス川），el Nilo（ナイル川），el Orinoco（オリノコ川），el Tajo（タホ川）

— 125 —

Ⅳ. 限定詞

3）大陸名は定冠詞が付かないが，例外は「南極大陸」である：la Antártida.「アフリカ」もまれに定冠詞が付くことがある：el África

4）組織・機関名——公的機関や組織・団体名は2語以上からなる語連接であることが多いが，主要部である名詞の性と一致する定冠詞が付く.

> el Ayuntamiento de Madrid（マドリード市庁），el Gobierno de Chile（チリ政府），el Ministerio de Sanidad（保健省），la Real Academia Española（王立スペイン学士院），la UE（Unión Europea 欧州連合），la Universidad de Salamanca（サラマンカ大学）

組織・機関名から2次的に形成される頭字語にも定冠詞が付くことがある.

> la ONU（< Organización de las Naciones Unida, 国連），la OEA（< Organización de los Estados Americanos, 米州機構），la UNAM（< Universidad Nacional Autónoma de México, メキシコ国立自治大学），la ASALE（Asociación de Academias de Lengua Española, スペイン語学士院協会），el BCE（Banco Central Europeo, 欧州中央銀行）

5）スポーツ・チーム名——サッカーなどのチーム名には男性単数の定冠詞が付く. club（クラブ）が省略されていると考えられる：el Real Madrid（レアル・マドリード（< Real Madrid Club de Fútbol）），el Barcelona（FC（= Fútbol Club）バルセロナ），el Mallorca（RCD（= Real Club Deportivo）マヨルカ）

B. 定冠詞が省略可能な地名

以下の固有名に付く定冠詞は文頭でない限り小文字である.

1）国名——スペインから見てなじみの薄い中南米やアジアなどの国名には定冠詞が付くものがある. しかし，現代では冠詞を省くのが一般的である：(el) Canadá（カナダ），(el) Japón（日本），(el) Paraguay（パラグアイ），(el) Perú（ペルー），(el) Uruguay（ウルグアイ）；(la) Argentina（アルゼンチン），(la) China（中国），(la) India（インド），(la) República Dominicana（ドミニカ共和国）；しかし，正式名では定冠詞が付くものもある：República del Paraguay（パラグアイ共和国），República del Perú（ペルー共和国），República Oriental del Uruguay（ウルグアイ東方共和国）

2）普通名詞から固有名に転化した国名 —— 定冠詞が付くのが原則であるが，現代では冠詞が省かれることが多い：(el) Reino Unido（連合王国，英国），(los) Estados Unidos（アメリカ合衆国），(los) Países Bajos（ネーデルランド）

26.6.2. 限定された地名に付く定冠詞

通常は定冠詞が付かない地名でも，ある時期などを示す修飾語が付いて限定されると定冠詞が付けられる.

Así era *la España de Felipe II* hace cuatro siglos. これが400年前フェリペ2世時代のスペインだ.

Una ruta por *el Toledo de El Greco* エル・グレコのトレドをたどる道

La Barcelona del siglo X era una potentísima urbe que figuraba entre las de mayor entidad de *la Hispania Cristiana*. 10世紀のバルセロナはキリスト教ヒスパニアで最大規模の都市の中でも抜きん出た非常に強大な都市だった.

26.6.3. 人名に付く定冠詞

人名には定冠詞が付かないのが原則であるが，次のような場合は定冠詞が付く.

1）家族全体を指す場合，姓に定冠詞複数形が付く.

　　los Fernández（フェルナンデス家），*los* Castro（カストロ家），*los* Habsburgo（ハプスブルク家）

2）人名（姓またはフルネーム）に敬称が付く場合はその前に定冠詞が付く.

　　el señor Martínez（マルティネス氏），*la* doctora Isabel Rodríguez（イサベル・ロドリゲス博士），*el* profesor Martín Rodrigo（マルティン・ロドリゴ先生）

しかし，直接呼びかける場合は定冠詞を付けない.

　　Buenas tardes, señora García. Pase. こんにちは. ガルシアさん. お入りください.

また，個人名に付く敬称や称号 don / doña［個人名に付く敬称］，fray / sor［修道士・修道女の個人名に付く敬称］，san, santo / santa［聖人に付

Ⅳ. 限定詞

く敬称]の場合は冠詞を付けない.

don Diego (ドン・ディエゴ), fray Bartolomé de las Casas (バルトロメー・デ・ラス・カサス師), sor Juana Inés de la Cruz (フアナ・イネス・デ・ラ・クルス尼), San Juan (聖ヨハネ), Santo Tomás (聖トマス), Santa Sofía (聖ソフィア)

3) 個人名の前にそれを修飾する形容詞がある場合は, その前に定冠詞が付く.

el viejo Juan (老いたフアン), *la* amable Rebeca (親切なレベカ), *el* leal Jorge (忠実なホルへ)

4) 個人名の後に同格で異名・あだ名が付く場合, その同格語に定冠詞が付く.

Fernando I *el* Grande (フェルナンド1世大王), Isabel *la* Católica (イサベル・カトリック女王), Juan *el* tonto (フアンの馬鹿), Afrodita *la* hermosa (麗しのアフロディーテー)

5) 話し言葉では個人名に定冠詞を付くことがあり, 親しみやからかいなどのニュアンスを帯びる.

Yo, si fuera tú, hasta le decía a *la* Elena que ni lo traiga por aquí. もし私だったら, エレナに「彼をここに連れてくるな」くらい言ってやっただろうに.

Vas con *el* Pablo Santos ese, ¿verdad? おまえはあのパブロ・サントスとかいうやつと出かけるんだろうな.

6) 人名が芸術作品の題名を表している場合は, 定冠詞が付く.

La segunda parte d*el* Quijote se publicó en 1605. ドン・キホーテ第2部は1605年に出版された.

Se desconoce el autor d*el* Lazarillo de Tormes. ラサリーリョ・デ・トルメスの作者はわかっていない.

7) 芸術家の人名 (普通は姓) に冠詞が付く場合, 普通名詞化して作品名を示す.

La familia tiene *el* Toulouse-Lautrec, *el* Vang Gogh y *los* Velázquez. その一族はロートレックやゴッホ, ベラスケスの作品を持っている.

26.7. 時の表現と定冠詞

時の表現には定冠詞が付く場合と無冠詞になる場合がある．間隔の短い時間単位，すなわち日，曜日および時間を表す名詞句には定冠詞が付く．これに対し間隔の幅が大きい時間単位，すなわち年，季節および月を表す名詞句は無冠詞となるのが普通である．ただし，文脈によって定冠詞が付くこともある．

A. 時間単位と定冠詞

1）時間 —— 時間を表す名詞句にはかならず定冠詞が付く．通常，hora（時間）という女性名詞は省略されるが，それが暗黙に了解されているので定冠詞は女性形となる．

> ¿Qué hora es? —— Son *las cinco* y cuarto. 何時ですか．—— 5時15分です．

> ¿A qué hora debo ir mañana? —— Debes estar aquí a *las ocho*. 明日何時に来ればいいんですか．—— 8時にここに来てください．

2）日・曜日 —— 日を表す名詞句には定冠詞の男性単数形が付く．名詞 día が省略されていると了解されるからである．スペイン語で曜日は普通名詞扱いで，正書法上は小文字で書き，定冠詞が付く．日にちと曜日を合わせて言う場合は曜日を先にし，それに定冠詞が付くのが慣用である．

> El cumpleaños de la princesa es *el 1* de diciembre. 王女の誕生日は12月1日である．

> Si *el lunes* es día festivo, el curso empezará *el martes*. 月曜日が祝日の場合は火曜日に開講する．

> El nuevo salón de exposiciones se inaugura *el miércoles* 3 de enero. 新しいショールームは1月3日，水曜日にオープンする．

3）月 —— スペイン語では月名は小文字で書くが，実質的には固有名詞のような扱いで定冠詞は付けない．

> La crisis económica se desató en *octubre* de 1929. 経済危機は1929年10月に突発した．

ただし，名詞 mes（月）を伴う同格的表現の場合は，それに定冠詞が付く．また，意味を限定する修飾語があると定冠詞が付くのが普通である．

Ⅳ．限定詞

El desempleo en Francia aumentó ligeramente en *el mes de febrero*. フランスの2月の失業率はわずかに上昇した．

Desde *el pasado octubre* más de 600 cohetes han caído en territorios israelíes. 昨年 10 月以降 600 発以上のロケット弾がイスラエル領土内に落下した．

4）季節 —— 季節名には定冠詞が付く．しかし，前置詞 en の後に来る場合は省略可能である．

La estación que me gusta más es *la primavera*. 私が一番好きな季節は春だ．

Durante *el otoño* hay más lluvias en la costa que en el interior. 秋には海岸部のほうが内陸部よりも多く雨が降る．

Se dispondrá de los resultados de este estudio en *el invierno* de este año. この研究結果は今年の冬に発表される予定である．

En *verano* se celebra el Festival de Música en este sitio. 夏にはこの場所で音楽祭が開催される．

5）年 —— 年を表す数字には定冠詞が付かないのが普通である．

En *2012* Shinya Yamanaka recibió el premio Nobel de medicina. 2012年，山中伸弥はノーベル医学賞を受賞した．

しかし，名詞 año（年）を伴う場合および西暦の最後の2桁だけを表す場合は，それに定冠詞が付く．

En *el año* 711 inició la invasión árabe de la península Ibérica. 711 年アラブ人のイベリア半島侵攻が始まった．

La pandemia del Covid-19 ocasionó una contracción severa de la economía mundial en *el año 2020*. 新型コロナウィルスの世界的疫病は 2020 年に世界経済の深刻な縮小をもたらした．

La niña ha estado desaparecida desde *el 95*. その女の子は 95 年から行方不明になっている．

6）年代・世紀 —— 年よりも大きい年代・世紀を表す語には定冠詞が付く．

En la primera mitad *del siglo XX*, la tasa de mejora de la esperanza de vida fue tres veces más rápido de lo que era en la segunda mitad *del siglo* XIX. 20 世紀前半に平均寿命の伸び率は 19 世紀後半よりも3倍早く上昇した．

— 130 —

El Irán nacionalizó el petróleo en *la década* de 1950. イランは 1950 年代に石油を国有化した.

B. 日付表現と定冠詞

日付を表現する場合，（曜日）・日・月の語順になり，先頭の曜日または日に定冠詞が付くのが慣用である.

La primera sesión se celebrará *el martes 6 de mayo* a las 10.00 horas. 第 1 回会議は 5 月 6 日 10 時から開催されることになる.

El 24 de junio es el aniversario de la muerte de mi madre. 6 月 24 日は私の母の命日だ.

ただし，次の場合には定冠詞を付けないのが慣用である.

1）手紙や通知文などの冒頭に日付を書く場合

Viernes, 2 de enero de 2021 2021 年 1 月 2 日金曜日

しかし，文章の一部に日付が現れる場合は定冠詞が付く.

El martes 24 de marzo de 2020 fue un feriado nacional en Argentina. 2020 年 3 月 24 日火曜日はアルゼンチンの祝日だった.

La independencia de México inició *el 16 de septiembre de 1810*, cuando Miguel Hidalgo y Costilla realizó el "Grito de Dolores". メキシコの独立は 1810 年 9 月 16 日ミゲル・デ・イダルゴ・イ・コスティーリャが「ドロレスの叫び」を上げたときに始まった.

2）ser または estar を用いた日付の表現で日付・曜日が ser の属詞または estar の補語となる場合

Mañana es *sábado*. 明日は土曜日だ.

Hoy es *8 de julio*. 今日は 7 月 8 日だ.

Hoy estamos a *11 de agosto*. 今日は 8 月 11 日だ.

3）日付・曜日が時を表す副詞と同格となる場合

El ataque ocurrió ayer, *jueves 18 de noviembre*. 攻撃は昨日，11 月 18 日に起きた.

Las nuevas normas entran en vigor hoy, *1 de febrero*. 新規則は今日，2 月 1 日に施行される.

4）曜日が前置詞 en の後に来る場合

El 5 de septiembre coincide *en domingo*. 9 月 5 日は日曜日に当たる.

Los huéspedes que se alojen *en viernes* y *sábado* disfrutan de un 50%

IV. 限定詞

de descuento en el precio del desayuno. 金曜日・土曜日に宿泊する
お客様は朝食料金が 50％割引になります.

26.8. 中性定冠詞 lo

　中性定冠詞の lo は単数形のみで変化しない. 無強勢語であり, 定名詞句
を作る点は他の定冠詞と共通している. スペイン語に中性名詞はないので,
通常は名詞以外の語または句・節に付き, それを名詞化する機能を持つ. lo
が付くのは主に形容詞, 過去分詞, 副詞, 前置詞句および関係節である. 主
要な用法は次のとおりである.

A. 指示的用法

　定冠詞の lo は形容詞, 副詞, que 関係節など名詞以外のものに付いてそ
れを名詞化し, 無生物の物または事を表す. lo の後に来るのが形容詞・所
有形容詞・過去分詞の場合, それらの語はかならず男性単数形となる.

　　1）「lo ＋ 形容詞・過去分詞」—— 形容詞・過去分詞を名詞化し, 事物を
　　　　示す定名詞句を構成する. 「…なもの・こと」のような意味を表す. 形
　　　　容詞の後に前置詞句の修飾語が付くこともある.

　　　　Haremos todo *lo necesario* para combatirlos. 我々は 彼らと戦うため
　　　　　に必要なことは何でもやる.

　　　　Lo más importante es escuchar las opiniones de los demás. もっとも重
　　　　　要なのは他人の意見を聞くことだ.

　　　　Hemos hecho *todo lo posible* para salvarle. 我々は彼を救助するため
　　　　　できるだけのことをやった.

　　　　No recordaba nada de *lo sucedido*. 私は起きたことを全然思い出せな
　　　　　かった.

　　　　Ahora ves *lo absurdo* de esta situación. これでこの状況の不条理さが
　　　　　わかってもらえるだろう.

　　2）「lo ＋ 所有形容詞後置形」—— 所有形容詞を代名詞化し, 「…に属す
　　　　るもの, …に関すること」という意味を表す.

　　　　Los chistes no son *lo mío*. 冗談を言うのは苦手なんだ.

　　　　Sigue tu propio camino y haz *lo tuyo*. 自分の道を進み, 自分のことを
　　　　　やりなさい.

—132—

26. 定冠詞

No sabía *lo tuyo* con Ana. 君とアナとの関係は知らなかった.

3)「lo + 形容詞・副詞」—— 一定の空間または程度を示す名詞句を作る. それに前置詞が付いて前置詞句となることもある.

El atleta no pudo llegar a *lo alto del podio.* その陸上選手は表彰台の頂上に立つことができなかった.

Se oyó a *lo lejos* un estruendo de varias explosiones. 遠くで数回の爆発音が聞こえた.

El médico me dijo que descansara *lo suficiente.* 医者は私に十分休養するようにと言った.

4)「lo + de + 名詞」または「lo + que 関係節」—— 全体が名詞化され, その内容は聞き手に了解されているある事柄を暗黙に示す.「…のこと, …のようなこと・もの」といった意味を表す.

Quisiera disculparme por *lo de ayer.* 昨日のことは謝罪したいと思います.

Hay muchas diferencias entre *lo de hace cincuenta años* y *lo de ahora.* 50年前のことと現在のことでは多くの相違がある.

Lo que mucho vale, mucho cuesta. 価値あるものは高くつく.

5)「lo + 形容詞・過去分詞・関係代名詞」—— 先行する文脈の内容を前方照応的に指示する. この用法で用いられる形容詞・過去分詞の主な例は lo anterior, lo mismo, lo propio, lo dicho, lo mencionado など, 関係代名詞は lo cual, lo que である.

Ante mi bandera, he prometido a España ser un perfecto soldado, y con emoción tremenda, te juro que cumpliré *lo dicho.* 国旗の前で私は完璧な兵士となることをスペインに約束し, 多大な感激を込めて言ったことを実行するとあなたに誓います [1955年フアン・カルロス皇太子の陸軍士官学校入学時, 父親に対する誓い].

El motor derecho recibió un impacto; su cubierta de metal se soltó con el viento y se desprendió en parte. Después ocurrió *lo mismo* con el izquierdo. 右エンジンが衝撃を受けた. その金属カバーが風で吹き飛び, 一部ははがれた. その後, 同様のことが左エンジンにも起きた.

El niño encontró la pistola de su padre en un cajón, *lo cual* desencadenó

— 133 —

la tragedia. 男の子は引き出しから父親の拳銃を見つけ，それが悲劇を引き起こすことになった.

B. 強意用法

1）「lo + 形容詞・副詞 + que 節」——形容詞・副詞に lo が付いて程度を表す数量詞的な意味が加わる.「どんなに…であることか」のような強調表現となる. lo + 形容詞の場合，形容詞は後に来る que 節の意味上の主語を修飾する属詞が取り出されたもので，その主語と性・数を一致させる.

Me di cuenta de *lo difícil que* era mi trabajo. 私の仕事がどんなに難しいか気がついた.

Me acuerdo de *lo felices que* estuvimos. 私たちがどんなに幸せだったか私は思い出す.

Nunca olvidaré *lo bien que* lo pasé en aquel país. あの国でどんなに楽しく過ごしたか私は決して忘れないだろう.

2）「con + lo + 形容詞・副詞 + que」—— lo によって程度を表す意味が加わり，全体として「それほど…なので，それほど…だとしても」のような理由または譲歩の意味を表す. lo + 形容詞の場合，形容詞は意味上の主語と性・数を一致させる.

Con lo fuerte que es, no lo soportaría. 彼がどんなに強くても，それには耐えられないだろう.

Con lo bien que me va hoy, me voy a retirar a los 40 años. 今は順調に行っているけれど，私は 40 歳で引退するつもりだ.

C. 慣用表現

lo が前置詞句の一部となり，慣用表現を作ることがある.

1）「a + lo + 形容詞・名詞」—— 様態を表す副詞的表現を作り，「…のように，…のやり方で」の意味を表す.

Abrió la puerta *a lo bestia* e irrumpió en el edificio. 彼は乱暴にドアを開けると，建物に乱入した.

Cada cual viene de lo suyo y va *a lo suyo*. それぞれが自分流のやり方をし，自分勝手に振る舞う.

2）「前置詞 + lo + 形容詞・副詞」—— 副詞的な慣用表現を構成する.

A lo mejor el chocolate que guardas en la despensa no es tan bueno

— 134 —

como crees. 食料庫に常備してあるチョコレートはたぶんあなたが
思っているほどおいしくないでしょう.

Deja de ver la televisión *por lo menos* una hora antes de acostarte. 少な
くとも就寝1時間前にはテレビを見るのをやめなさい.

El agua está en permanente circulación. *Por lo tanto*, es un recurso
renovable. 水は永久に循環している. したがって，再生可能な資
源である.

Celebró su ochenta cumpleaños *por todo lo alto*. 彼は 80 歳の誕生日
を盛大に祝った.

26.9. 定冠詞の後の名詞句の省略

スペイン語の定冠詞は，その後に来るはずの名詞句が省略されて用いられ
ることがある. 名詞句が省略されるのは定冠詞の後に形容詞句 (a)，前置詞
句 (b) または関係節 (c) が現れる場合である.

(a) ¿Cuál es tu bicicleta? —— Es *la roja de ahí*. 君の自転車はどれなの.
  —— そこの赤いやつだよ.

(b) La filosofía de Hegel fue influida por *la de Kant*. ヘーゲル哲学はカン
ト哲学の影響を受けた.

(c) Carl Woese postuló que en el árbol de la vida hay tres reinos diferentes:
Bacteria, Arquea y Eucariota. Este sistema —el de los tres dominios— es *el
que tiene una mayor aceptación en la actualidad*. カール・ウーズは生命の
系統樹には3つの異なる領域があると主張した. 細菌，古細菌および真
核生物である. この3ドメインの体系は現在最も受け入れられている.

これらの例では定冠詞は前方照応的であり，省略された名詞句は先行する
文脈で示されているため復元可能である. すなわち，(a) では bicicleta，(b)
では filosofía，(c) では sistema が暗黙に了解されている. また，定冠詞が後
方照応的に用いられ，名詞句が省略される場合もある. この場合は後に来る
名詞句の主要部が省略されていると了解される.

El de mi padre es un caso muy raro. 私の父の場合は非常にめずらしい症
例だ.

La tuya es la mejor oferta. 君のが最良の申し出だ.

— 135 —

Ⅳ. 限定詞

時には文脈に名詞句が明示されていなくても，場面から了解可能であるために省略されることもある．

¿Puede mostrarme *el que está en el extremo*? （店で商品を指して）その端にあるのを見せてくれませんか．

＜参考7＞　冠詞を持つ言語と持たない言語

日本語には冠詞がない．冠詞を持たない言語では名詞句の定性（定か不定か）は主に文脈によって判断することになる．日本語の場合，助詞「は」と「が」の使い分けも部分的に定性に関わっていると見ることができる．「は」が付く名詞句は定であることが多い．このように言語によっては冠詞以外の手段で定性を表すこともある．トルコ語も定冠詞はないが，直接補語は定か不定かで区別し，定の場合は名詞に対格接尾辞を付け，不定の場合は何も付けない．印欧語族のインド・イラン語派に属するペルシャ語（文語）も定冠詞はないが，同様に直接補語を区別し，定の場合は一定の後置詞を付け，不定の場合は付けない．

ヨーロッパでも印欧語族ではなく，ウラル語族に属するフィンランド語（文語）やエストニア語は冠詞を持たないが，同系のハンガリー語には冠詞がある．スペインとフランスにまたがる系統不明のバスク語にも冠詞と呼ばれる接尾辞が存在し，名詞の語尾（その後に形容詞がある場合は，形容詞の語尾）に付けられる．しかし，この冠詞と呼ばれる接尾辞に定・不定の区別はない．名詞が不定かつ無限定の場合，接尾辞は何も付かず，数も示されない．名詞が単数の場合は -a，複数の場合は -ak が付けられる．この接尾辞は名詞の数を示す標識のような役割を果たしていると見られる：etxe (casa)，etxea (una casa, la casa)，etxeak (casas, las casas)．冠詞と呼ばれているが，スペイン語やフランス語の冠詞とはかなり機能が異なる．

中東と北アフリカにまたがるアジア・アフリカ語族に属するアラビア語やヘブライ語にも定冠詞に相当する形式がある．東アジアでは日本語を始め冠詞らしきものを持つ言語は見られないが，冠詞に類似する接語や接辞（接頭辞，接尾辞）を持つ言語はアフリカ，東南アジアの一部，オセアニア，南北アメリカなど世界中に分布している．しかし，その機能は言語によってかなり異なっている．西欧語のような定性の表示機能だけが冠詞またはそれに類似する接辞に普遍的な特徴というわけではない．

― 136 ―

27. 不定冠詞

27.1. 不定冠詞の形式

　スペイン語の不定冠詞は数詞の uno (1) に由来し，単数では数詞と同形
で，形式上の区別はない．修飾する名詞の性と数に呼応して次のように変化
する．定冠詞には中性形があるが，不定冠詞にはない．

	単数	複数
男性	un	unos
女性	una / un	unas

　不定冠詞は，歴史的に数詞の 1 に由来するので，その起源からして単数名
詞に付くのが原則である．実際に，不定冠詞を持つ言語では単数形しかない
のが普通である．これに対し，スペイン語は複数形を持つのが特徴である
が，その用法は後述のとおり不定冠詞と言うより数量詞的な様相が強い．

　不定冠詞は定冠詞と同様，名詞の前に置かれ，名詞の前に修飾語があれ
ば，その前に立つ．不定冠詞は名詞句の先頭に立つが，定冠詞の場合と同じ
く数量詞の todo だけは例外で，不定冠詞の前に置かれる（§27.3 参照）．定
冠詞と異なり，スペイン語の不定冠詞は強勢語なので，その後の名詞と接語
句を構成することはない．

27.2. 不定冠詞の女性形

　不定冠詞の女性単数形は una であるが，直後に強勢のある /a/ で始まる女
性名詞が来ると，男性と同形の un が用いられる：un águila（1 羽のワシ），
un aula（教室），una hada（妖精）．この用法は，同じ環境で定冠詞 la の代わ
りに el が用いられるのと平行しているが，el のように語源的な由来を持つ
わけではなく，el の用法の類推から発生した現象である．そのため，定冠

— 137 —

IV. 限定詞

詞と異なって義務的な規則とはされておらず，una を用いても規範的に誤りとは見なされない：una águila, una aula, una hada. しかし，現代ではこうした場合にも un を用いるのが普通になっている.

　以上のような女性名詞に un を用いる原則にも例外があり，常に una を用いる場合がある. これは定冠詞の場合と同様なので，簡単に例だけを挙げる.

　　1）アルファベットの文字名：una a（1つの A），una hache（1つの H）
　　2）女性の人名：una Ana（ある一人のアナ），una Álvarez（アルバレス家の一人の女性）
　　3）地名で女性扱いとなるもの；una Austria independiente（独立した1つのオーストリア）
　　4）性共通名詞で女性を示す場合：una árabe（1人のアラブ女性），una ácrata（ある女性無政府主義者）

　以上の例は不定冠詞として挙げたが，いずれも数詞の1と見なすことも可能である.

27.3. 不定冠詞と他の限定詞との共起

　不定冠詞が他の限定詞と共起するには制約がある. 不定冠詞は指示詞とは両立できない：*esa una carpeta / *una carpeta esa. 名詞に前に来る所有形容詞前置形も両立できないが，後置形であれば両立可能である：una carpeta mía（私の1個のファイル）

　全称的数量詞は todo を除いて両立できない. todo は定冠詞の場合と同じく不定冠詞の前に置かれる：todo un día（1日中），toda una vida（一生涯）. このような「todo + 不定冠詞 + 名詞」の表現は単に数量的な意味ではなく，その名詞の持つ特徴すべてを強調している場合もある.

　　Es *todo un hombre*. 彼はまったく本物の男だ.
　　Fue *toda una aventura*. それはなかなか大した冒険だった.

　不定数量詞と不定冠詞の共起はその数量詞の種類により可否が分かれる. 任意のものを示す alguno, ninguno は両立できないが，cualquiera は名詞に後置すれば両立可能である.

　　Es *un tipo cualquiera*. 彼はごく普通の男だ.

― 138 ―

27. 不定冠詞

異同を示す mismo は不定冠詞と両立できるが，otro は通常は両立できない．

Todos están reunidos en *un mismo lugar*. 皆ある同じ場所に集まっている．

¿Hay lugar para (*una) *otra persona*? もう一人分の場所はありますか．

名詞に前置される不定数量詞が不定冠詞と共起する例（a）は少ないが，数詞と概数を表す不定冠詞複数との共存（b）は普通である．

(a) Todavía no se ha producido *un solo ejemplo* de reforma. まだたった1つの改革例も出ていない．

(b) No la he visto desde hace *unos tres meses*. およそ3ヶ月前から彼女には会っていない．

名詞に前置されて特定性を表す cierto（ある…）は不定冠詞と共起しないことが多いが，共存することもある．

Cierto número de acreedores no han hecho nada por aliviar la deuda. 多数の債権者は債務軽減のために何もしていない．

Con este presupuesto, no se ejecutarán *un cierto número* de acciones. この予算では一定数の活動は実行できないだろう．

27.4. 不定冠詞の機能と用法

27.4.1. 不定冠詞の機能

不定冠詞は名詞に付き，その名詞の表す集合の中からある個体を取り出して示す働き，つまり個別化する働きをする．その個体は聞き手には同定できないと話し手が判断するものである．後述のように話し手自身はその個体を同定できる場合（特定的）もあれば，できない場合（非特定的）もある．

不定冠詞には大別すると，指示的用法，総称的用法，数詞的用法および大名詞的用法がある．

27.4.2. 指示的用法

不定冠詞は基本的に個別化を示す働きをするので，個体を示す可算名詞に付くのが普通であるが，不可算名詞や固有名詞に付くこともある．

1）話し手が聞き手にとって既知ではないと判断する個別のものを示す．典型的な用法は発話場面で新たに登場する既知ではないものに話し手が

— 139 —

Ⅳ. 限定詞

言及する場合である.

(a) Érase una vez *una hermosa princesa*, a la que nadie se atrevía a pedir en matrimonio. 昔々あるところに美しい王女様がいましたが, 誰も思い切って結婚を申し込もうとはしませんでした.

(b) Hoy he visto *un vídeo interesante* por Internet. 今日, 私はインターネットでおもしろい動画を見た.

(c) Un policía socorrió a *una anciana que se había caído en su casa*. 警官が自宅で倒れていた年配の女性を救助した.

(d) Una tromba de agua obliga a parar a *un AVE* entre Madrid y Alicante. 豪雨によってマドリード・アリカンテ間で高速列車が停止を余儀なくされた.

(e) Buscamos *un piso de alquiler* en este barrio. 私たちはこの地区で賃貸マンションを探している.

上記の文の下線の名詞句はいずれも不定であるが, (a)～(d)は話し手がその指示対象を同定できるので特定的, (e)は同定できないので非特定的である. 同様に次の(f)の不定名詞句は非特定的であるが, (g)は特定的である.

(f) Necesito comprar *una nueva aspiradora*. 私は新しい掃除機を買う必要がある.

(g) He comprado *una aspiradora nueva*. 私は新しい掃除機を買った.

不定冠詞は可算名詞に付き, 個体として数えられない不可算名詞には付かないのが原則である. しかし, 不可算名詞に不定冠詞が付いて可算名詞化することもある. 不定冠詞によってその名詞は一定の境界を持つ個体を示すものと解釈される.

(h) ¿Desea tomar *un refresco o una cerveza*? 清涼飲料水が飲みたいですか, それともビールですか.

(i) Compré *un jamón entero con hueso*. 私は骨付きのハムをまるごと買った.

2) 修飾語で限定された名詞に付いてその名詞の表す集合の中からある属性を持つ個体を取り出して示す. この場合, 名詞は可算名詞でも不可算名詞でもよく, 不定冠詞を付けることがむしろ必須となる.

Hoy hace *un calor sofocante*. 今日は息苦しいほど暑い.

— 140 —

27. 不定冠詞

Este año hemos tenido *un invierno poco frío.* 今年はあまり冬が寒くなかった.

La paciencia no es *una virtud que esté de moda.* 忍耐は今はやりの美徳とは言えない.

La libertad es esencial si queremos tener *una literatura creativa.* 自由は，我々が創造的な文学を求めるのなら不可欠のものである.

　職業・身分を表す連結動詞文では属詞となる名詞に通常は不定冠詞が付くことはない．この点，不定冠詞が必要な英語とは異なる．しかし，その名詞に評価や種類などを表す修飾語が加わると，不定冠詞が必要となる（詳しくは§28.2.C 参照）.

Su padre es *ingeniero eléctrico.* 彼の父親は電気技術者だ.

Su padre es *un ingeniero eléctrico competente.* 彼の父親は有能な電気技術者だ.

　修飾語で限定された固有名詞にも不定冠詞が付き，その人や土地のある属性を持つ局面を取り出して示す.

Nadie desea *una España paralizada y conformista*, sino moderna y en movimiento, dispuesta a adaptarse a los nuevos tiempos. 誰も麻痺した画一主義的なスペインを望んでいるわけではなく，現代的で動きがあり，新時代に適応できるスペインを望んでいる.

4）固有名詞について同類の人やものを示す．不定冠詞が付くことによってその固有名詞は普通名詞化することになる.

Puede haber *un Judas* en nuestro grupo. 我々のグループには裏切り者のユダがいるのかもしれない.

Por desgracia yo no soy *un Cervantes* ni *un García Márquez.* 残念ながら私はセルバンテスでもガルシーア・マルケスでもない.

Si tuviéramos que establecer un carácter unitario de la historia de nuestro pueblo tendríamos que decir que en Castellón no hubo *un Cid Campeador, un Cervantes, un Velázquez, un duque de Alba,* y que por el contrario el protagonista de sus acciones fue siempre el pueblo, un pueblo convencido. 我々の町の歴史に統一的性格を設定しなければならないとしたら，カステリョンにはシード・カンペアドールもセルバンテスもベラスケスもアルバ公のような人物もおらず，

— 141 —

Ⅳ. 限定詞

　　反対にその行動の主人公はいつも民衆，確信的な民衆であったと
　　言うしかないだろう.

　　人名に不定冠詞が付くと，その人物と密接な関連のある物を表すこと
もある. 芸術家の名前に付くと，その人の作品や演奏を表す. 換喩表現
(metonimia) の1種である.

　　Un Picasso de Rockefeller se subastará en mayo. ロックフェラー所有
　　のあるピカソ作品が5月に競売にかけられる.

　　Este CD grabado en vivo en el Royal Albert Hall nos presenta a *un*
　　Pavarotti en un momento maduro de su carrera, a principio de los
　　años 80. このロイヤルアルバートホールでライブ録音されたCD
　　は彼の円熟期，80年代初頭のパヴァロッティを我々に示してくれ
　　る.

5) ある集合をひとまとまりの単位として示す. 集合名詞に付くのが典型
的な場合である.

　　Alrededor de él se congrega *una multitud de seguidores y devotos*. 彼
　　の周りには多数の支持者と崇拝者が集まっている.

　　Una muchedumbre de ciudadanos hambrientos marchó hacia el palacio
　　presidencial de Port-au-Prince. 大勢の飢えた市民がポルトープラン
　　スの大統領官邸に向かって行進した.

　　La policía efectuó *una decena de detenciones de periodistas de la*
　　prensa privada. 警察は民間報道機関の記者十数人を逮捕した.

　　数詞の前についてひとまとまりの集合を表すこともある.

　　Nadia Comaneci es la primera gimnasta de la historia de este deporte
　　que consiguió *un diez.* ナディア・コマネチはこのスポーツで10点
　　満点をとった史上最初の女子体操選手である.

　　Los autos y camiones suman cerca de *un 25%* de las emisiones
　　mundiales de CO_2. 乗用車とトラックを合わせると，世界のCO_2排
　　出量の約25%を占める.

27.4.3. 総称的用法

　　スペイン語では総称表現に定冠詞単数形または複数形を用いるのが普通で
あるが，不定冠詞も用いられることがある. 不定冠詞はある集合の中の任意

—142—

の個体を取り出すことによってその集合を代表させる働きをする. したがって, 集合全体について規定するような文には適さない. 名詞句の指示対象は非特定的となる. 「…というものは」のような意味を表す. なお, 不定冠詞複数形に総称的用法はない. また, 無冠詞名詞句が総称的に用いられることもない.

> *Un anciano* es un individuo de avanzada edad. 老人とは年齢の高い人のことである.

> *Una sociedad más sana* significa una sociedad más productiva. より健全な社会とはより生産的な社会を意味する.

> *Un militar profesional* requiere una educación tan sólida como la de sus superiores civiles. 職業軍人には文民の上司と同様にしっかりとした教養が必要である.

> *Una cultura* se estudia sobre todo a través de las personas que la viven. 文化というものは何よりもそれを体現している人々を通じて学べるものだ.

27.4.4. 数詞的用法

不定冠詞は数詞の 1 (uno) に由来し, それが冠詞としての用法を発展させたものであり, 数詞 uno が形容詞として名詞の前で用いられる場合 (un, una), 形式上の区別はない : un perro (1 匹の犬, ある犬), una casa (1 軒の家, ある家)

数詞的と解釈されるかどうかは文脈次第であるが, 次のように数量が話題の中心となっている場合は数詞であると解釈できる.

> Tengo *un hermano* y dos hermanas. 私には兄弟が 1 人と姉妹が 2 人いる.

> *Una caña*, por favor. 生ビール 1 杯, お願いします.

> Compré *una camisa azul* y dos camisetas blancas. 私は青いシャツ 1 着と白い T シャツ 2 着を買った.

> Los vehículos equipados con cuatro o cinco asientos transportan solo *una persona* en más del 75% de los casos. 4 〜 5 人用の座席がある車両の75%以上はたった 1 人しか輸送していない.

> El contrato de trabajo no podrá renovarse más de *una vez*. 雇用契約は 1 回しか更新できないことになっている.

Ⅳ. 限定詞

否定文で不定冠詞が用いられると，「1つの…もない」のような意味になり，数量的な意味が強調されることになる．

> No hay *un solo día* que no pensemos en nuestra hermana. 私たちが姉のことを思わない日は1日もない．

> No les dijo *una palabra* de lo sucedido a sus familiares. 彼は出来事を一言も家族に言わなかった．

> Afortunadamente no hay ni *una persona herida* en este incidente. 幸いなことにこの事故の負傷者は一人も出ていない．

27.4.5. 名詞化用法

不定冠詞も定冠詞と同様に名詞以外の語類を名詞化する働きがあるが，この用法には定冠詞と比べると制約がある．

1) 形容詞の名詞化 —— 不定冠詞は人の属性を表す形容詞についてその形容詞を名詞化する．不定冠詞が付くと，個別化の意味が加わって「(ある)一人の…な人」を表す：un intelectual (ある知識人)，una joven (ある若い女性)　しかし，名詞化される形容詞は名詞として転用されることが常用的なものが多く，どんな形容詞でも不定冠詞を付けて名詞に転用されるわけではない．

また，定冠詞の場合と異なり，「不定冠詞＋関係節」または「不定冠詞＋前置詞句」の構成は作れない．これらの場合には不定代名詞の uno が用いられる．女性形は una となる．

> Buscamos a *uno que trabaje tiempo completo en este negocio.* この仕事にフルタイムで働いてもらえる人を募集しています．

> La asistencia técnica es *una de las claves del éxito.* 技術支援は成功の鍵の一つである．

文脈上で先行詞があって名詞が省略される場合も，不定冠詞ではなく不定代名詞 uno が用いられる．

> Dicen que poner orden en un país pequeño es más fácil que en *uno grande.* 小国で秩序を保つのは大国よりも容易だと言われている．

> El jugador recibió dos tarjetas amarillas y *una roja subsiguiente* por ataques agresivos. その選手は2枚のイェローカードを受け，直後には強引な攻撃でレッドカードを受けた．

— 144 —

27. 不定冠詞

2）形容詞以外の語および慣用句の名詞化 —— 不定冠詞は形容詞以外の語や句に付いてそれを名詞化することがある．この場合，不定冠詞は男性形になるのが原則である．

> Es más fácil empezar con citas en línea que en *un cara a cara* normal de citas. 通常の対面での出会いよりもネット上で出会いを始めるほうが簡単である．

> Debemos responder a sus demandas con *un rotundo sí o no.* 彼らの要求にきっぱりとイエスかノーで答えるべきである．

> En la segunda parte el equipo local, *en un visto o no visto*, igualó la contienda. 後半戦で地元チームがあっという間に試合を同点とした．

27.5. 不定冠詞複数形の用法

英語の不定冠詞は単数形しかないが，スペイン語で特徴的なのは複数形があることである．この特徴はポルトガル語，カタルーニャ語など系統の同じイベリア・ロマンス語に共通する．いずれもその形式はスペイン語の不定冠詞 un に相当する形式に複数語尾を付けたものである．フランス語にも不定冠詞複数形 des が存在するが，語源的には「前置詞 de ＋ 定冠詞複数形」で構成されたもので，その構成は部分冠詞（de ＋ 定冠詞単数形）と似ている．イタリア語にも同じ構成の形式が存在するが，一般にイタリア語文法では部分冠詞として扱われる．

スペイン語の不定冠詞複数形の主な用法は 3 つある．

A. 1 対のものを表す場合

不定冠詞複数形は 2 つで 1 組となるものまたは 1 対のものに付き，不定の 1 単位であることを示す：unos zapatos（1 足の靴），unas medias（1 足のストッキング），unos guantes（1 組の手袋），unos ojos（目），unas orejas（耳），unos labios（唇），unos pies（足），unas piernas（脚），unas manos（手），unos brazos（腕）

また，2 つの部分・部品からなる物を 1 単位として示す：unas gafas（眼鏡），unos pantalones（ズボン），unas tijeras（はさみ）など．ただし，pantalón, tijera は単数形で用いられることもある．この用法の不定冠詞複数形は単数

—145—

Ⅳ. 限定詞

形と同様に個別化の機能を果たしていると言える.

> Lucía tiene *unos ojos* bonitos y expresivos. ルシーアはきれいな表情豊かな目をしている.

> Hugo mide 1,9 metros de altura y tiene *unas piernas muy largas*. ウーゴは身長 1.9 メートルで脚がとても長い.

> Jorge lleva siempre *unas gafas de sol*. ホルへはいつもサングラスを掛けている.

不定冠詞複数形が付く名詞句も単数形と同じく,特定的な場合と非特定的な場合がある. 上記の例の不定名詞句は,いずれも特定的であるが,非特定的な場合もある.

> Necesito *unos guantes* para el invierno. 私は冬用の手袋がほしい.

B. 少数の集合を表す場合

不定冠詞の複数形は名詞複数形に付き,聞き手には同定できない少数の個体の集合を表す. その数量は 2 個以上であるが,数は限定されていてそれほど多数でないことが示唆される.

> (a) Dentro de *unas horas* se inaugurará el concurso. 数時間後に競技会が開会される.

> (b) ¿Puedo hablar *unas palabras*? 少し話してもいいですか.

> (c) *Unos buitres* mataron a una vaca y a su ternero recién nacido. 数羽のワシが雌牛とその生まれたばかりの子牛を殺した.

> (d) *Unos científicos japoneses* identificaron las nuevas figuras en Nazca. 数人の日本人科学者がナスカで新しい地上絵を確認した.

不定冠詞複数形も特定的な場合と非特定的な場合がある. 上記の文のうち (a) ～ (b) の不定名詞句は非特定的であるが,(c) ～ (d) は特定的である.

不定冠詞複数形のこの用法は数量詞に近く,unos libros (数冊の本) は数量詞を用いた表現 algunos libros と似た意味を表す. しかし,両者は同義ではなく,unos は一まとまりの集合を表すのに対して algunos はより文脈依存的で,集合の中の個々の成員に言及する配分的 (distributivo) な意味を持っている.

> Hay *unas personas* que quieren hablar contigo. 君と話したがっている人が数人いる.

> Hay *algunas personas* en las que no puedes confiar. 君が信用してはいけ

― 146 ―

27. 不定冠詞

ない人も何人かいる.

La ola de calor ha cogido a la mayor parte de los centros educativos españoles sin equipos de aire o refrigeración. *Algunos centros* optan por adelantar la salida de las aulas a las 12 horas. 空調や冷房のないスペインの大部分の教育機関が猛暑に見舞われた. 教育機関の一部では下校時間を12時に早める選択をしたところもある.

C. 概数を表す場合

数詞の前に不定冠詞複数形が付くと「およそ…, 約…」という概数を表す. この場合の不定冠詞は無強勢語になるのが普通である.

Unos 800 estudiantes provocaron destrozos en un hotel de la Costa del sol. 約800人の学生がコスタ・デル・ソルのホテルでめちゃめちゃに物を壊した.

Unas 150 personas han quedado atrapadas al desplomarse el puente en Calcuta. コルカタで橋が崩落し, 約150人が巻き添えになった.

Un niño de *unos diez meses de vida* y en buen estado de salud fue abandonado ayer en una parroquia próxima a la madrileña plaza de España. およそ生後10ヶ月で健康状態のよい男の子が昨日マドリードのスペイン広場近くの地区で捨て子になっていた.

Las obras durarán *unos cinco o seis meses*. 工事はおよそ5〜6ヵ月は続くだろう.

27.6. 不定冠詞の後の名詞の省略

定冠詞と異なり, 不定冠詞の後の名詞句を省略することはできない. そういう場合には代わりに不定代名詞の uno が用いられる.

No necesitamos otro plan porque ya tienes *uno*. すでに君の計画があるのだから我々に別の計画は必要ない.

Deseo reemplazar la puerta de garaje por *una nueva*. ガレージの扉を新しいのと取り替えたい.

Y hay otra historia, *una que todavía no has visto*. それにもう一つ, 君がまだ知らない話があるんだ.

— 147 —

Ⅳ. 限定詞

＜参考8＞ 冠詞は名詞の前か後か

　スペイン語では冠詞はかならず名詞の前に置かれる．英語を始めヨーロッパの多くの言語もそうである．冠詞という日本語自体「頭にかぶせる語」という意味であるが，そう訳される artículo という用語に位置を示す意味はない．実際，言語によっては冠詞（に相当する形式）が名詞の前に来るとは限らない．名詞の後に置かれる接語ないし接尾辞の形式をとるものもある．スペイン語と同系のロマンス諸語に属するルーマニア語では不定冠詞は名詞に前置されるが，定冠詞は名詞に後置される接辞である：*un* prieten（un amigo），prieten*ul*（el amigo）．ルーマニア語にはこのほかに属格冠詞および形容冠詞と呼ばれる特殊な定冠詞があり，これらは名詞の後に置かれ，その後にこれを修飾する属格名詞または形容詞が来ることになる．属格冠詞の例：noua casă *a* prietenului meu（la nueva casa de mi amigo）.

　ルーマニア語に隣接するブルガリア語とマケドニア語もスラヴ諸語の中ではめずらしく定冠詞を持つが，その形式は接尾辞で，やはり名詞の語尾に付けられる．同じバルカン半島で隣接するアルバニア語も後置定冠詞を持っている．後置定冠詞を持つのはこの地域（バルカン半島）の言語の特徴とされる．

　スウェーデン語，デンマーク語，ノルウェー語など北ゲルマン語系の言語でも不定冠詞は前置されるのに対し定冠詞は後置される接辞である．しかし，定冠詞には前置形式もあり，名詞が形容詞で修飾される場合は，前置形式と後置接辞で名詞句の前後を挟んで二重に表示されるような構造になる．スウェーデン語の例：*det* nya hus*et*（la nueva casa）

　このように冠詞またはそれに相当する形式の実現は言語によりさまざまであり，名詞の前に置く付属語または接頭辞だけでなく後に付ける接尾辞となる場合もある．

— 148 —

28. 無冠詞

28.1. 無冠詞となる名詞句

　冠詞その他の限定詞が現れない名詞句を無冠詞名詞句または裸の名詞句（grupo nominal escueto）と言う．無冠詞名詞句を構成する典型的なものは(a) 不定の可算名詞複数形，(b) 不定の不可算名詞単数形および(c) 不定でまったく無限定の可算名詞単数形である．いずれの場合も名詞句の指示対象は非特定である．無冠詞名詞句は形容詞句や前置詞句で修飾されることもある．固有名詞も通常無冠詞となるが，こちらは定名詞句を構成するため，ここで扱う無冠詞名詞句からは除かれる．

　無冠詞名詞句を構成する上記の3つの場合について以下で述べる．

A. 可算名詞の複数形

　不定の可算名詞複数形は無冠詞で現れるのが通常である．この場合，複数形は個体それぞれの集合を表すというより数は無限定で集合全体を1つの種類として示していると考えることができる．

> Al principio había *casas* a ambos lados de la carretera, cada vez más dispersas. 初めは道路の両側に家があったが，次第にまばらになっていった．

> El temporal obligó a cortar *carreteras* y cerrar *colegios* en Málaga y Cádiz. 暴風雨のためマラガとカディスでは道路が遮断され，小学校は休校を余儀なくされた．

> La desigualdad entre *hombres* y *mujeres* es una realidad que vivimos día a día. 男女間の不平等は我々が日常的に体験している現実である．

> El auditorio está lleno de *mayores* y *niños*. 客席は高齢者と子どもたちでいっぱいだ．

B. 不可算名詞の単数形

　不定の不可算名詞単数形は無冠詞で現れるのが常である．無冠詞の不可算名詞は不定量の物質や抽象的な性質などを表す．

Ⅳ. 限定詞

Siempre iba a tomar *café* al bar. いつも彼はバルにコーヒーを飲みに行っ
ていた.

Por medio de un refinado sistema de riego cada terraza recibe *agua*
suficiente. 洗練された灌漑システムによってそれぞれの段々畑は十分
な水が供給されている.

Aún no se sabe si la misión ha tenido *éxito*. 使命が成功したかどうかはま
だわからない.

Tenga *paciencia* y no se preocupe. 辛抱強くして心配しないでください.

En este país nos da *miedo* hablar y expresarnos con libertad. この国で自由
に話したり表現したりするのは恐ろしい.

C. 可算名詞の単数形

可算名詞単数形が無冠詞で現れる場合は非常に限られている. 典型的には
範囲無限定の場合であり, 名詞の表す種類そのものを表し, 具体的な個体に
は言及しない. 発話の中では主に前置詞句や職業・身分を表す属詞, 習慣的
な行為を表す表現の直接補語などで現れる.

¿Qué tipo de *libro* le atrae más? どんな種類の本に一番魅力を感じます
か.

Un amigo mío es *médico* especialista en alergias infantiles. 私の友人の一
人は小児アレルギー専門の医者だ.

Antonio siempre lleva *sombrero*. アントニオはいつも帽子をかぶってい
る.

また, 等位構造の対句的な表現および類型的あるいは慣用句的な表現の中
では無冠詞名詞がよく現れる.

Lápiz y *papel* en mano la niña dibuja incansablemente flores. 鉛筆と紙を
手にして女の子は飽きずに花を描いている.

Los dos artistas se encontraron por primera vez *cara* a *cara* en un escenario.
２人のアーチストはある舞台で初めて顔を合わせた.

28.2. 文の統語機能から見た無冠詞名詞句

無冠詞名詞句は文の中でさまざまな統語機能を果たす. しかし, 動詞前の
主語となる場合は非常に限られており, また間接補語となる例はまれであ

— 150 —

28. 無冠詞

る. これに対し, 属詞や直接補語ではよく見られる. 以下, 統語機能別に無冠詞名詞句がどのように用いられるかを概観する.

A. 動詞前の主語

無冠詞名詞句が主語となる場合, その位置が動詞の前か後かによって頻度に大きな差異がある. スペイン語では動詞前の主語は定名詞句であることが圧倒的に多く, 無冠詞名詞句が主語として前置されるのは原則的には不可で, 非常に限られている. 主な場合は次のとおりである.

1）新聞の見出しなどの電信語法 (lenguaje telegráfico) —— 文全体が新情報であるため談話的な情報が省かれ, 報道文の特徴としてできるだけ簡潔な表現が用いられる.

> *Encapuchados* prenden fuego y vandalizan Rectoría en UNAM 覆面集団, メキシコ国立自治大の学長室に放火し, 打ち壊す
>
> *Maestra* da 40 cachetadas a alumno por no decir 'presente' 女性教師, 出席の返事をしない生徒に平手打ちを40回食らわす
>
> *Abuelito* se descuida, *niños* salen a jugar y mueren ahogados おじいさんが不注意, 子どもらが遊びに出かけ溺死
>
> *Disparo de arma* hiere a tres pasajeros en Aeropuerto de Zihuatanejo シワタネホ空港で発砲により3人の乗客が負傷

この語法の使用は地域差があるようで, スペインではまれであるが, メキシコの報道文では頻繁に見られる. 上記4例ともメキシコの新聞 (El Excélsior) からとったものである.

2）ことわざ, 格言などの定型的表現 —— このような定型的表現ではできるだけ簡潔な表現が用いられ, 冠詞は省かれることがある. 無冠詞名詞句は一般に総称的な意味を持つ.

> *Hombre prevenido* vale por dos. 用意周到な人は2人分の価値あり.
>
> *Bicho malo* nunca muere. 悪い虫は死ぬことなし.
>
> *Dádivas* quebrantan peñas. 贈り物をすれば岩も砕ける (地獄の沙汰も金次第).
>
> *Amor* con amor se paga. 愛は愛で報われる.

3）等位接続の対句的表現 —— 対照的な意味を持つ対句表現の場合によく現れるのは可算名詞複数形で, 無冠詞となるのが普通である.

> *Padres* e *hijos* recorrieron la última milla, juntos, en el maratón infantil.

— 151 —

Ⅳ. 限定詞

親も子も，子どもマラソンの最後の1マイルを駆け抜けた.

Amigos y *familiares* no perdieron la esperanza sobre la recuperación de Ernesto hasta el último momento. 友人と家族たちは最後の瞬間まででエルネストの回復について希望を棄てなかった.

Así, *hombres* y *mujeres de todas las edades* caminaban por las calles de Las Vegas, bajo un sol abrasador, con camisetas y gorras en apoyo de Canelo. こうしてあらゆる年代の男女が炎天下にカネロを応援するTシャツにキャップをかぶり，ラスベガスの通りをねり歩いていた.

Jefes y *exjefes de Estado, empresarios, deportistas* o *artistas* figuran como titulares o vinculados a sociedades opacas. 国の指導者や元指導者，企業家，スポーツマンあるいは芸術家などが不透明な会社の名義人または関係者として登場する.

4）修飾語の付いた可算名詞 —— 修飾語の付いた可算名詞複数形は無冠詞のまま主語として現れることがある. 修飾語によって限定されているため定冠詞を付けても成立可能な場合が多い. 逆に，修飾語が何もない場合，この語順は許容されない.

Vecinos de El Bronx relatan el caos y los gritos de auxilio de las víctimas del fuego. ブロンクスの住民は火災の混乱と被害者の助けを求める叫び声について語る.

Hombres armados asesinan a al menos 14 personas y hieren a ocho en la ciudad de Chihuahua. チワワ市で武装集団が少なくとも14人を殺害し，8人を負傷させる.

Sectores como el agrícola están teniendo problemas para cubrir plazas pese a contar nuestro país con una tasa de paro del 14.5%. 我が国の失業率は14.5%であるにもかかわらず農業などの部門では人手不足の補充という問題を抱えている.

Documentos secretos desclasificados en 1973 revelaron un plan para eliminar al Duce que el primer ministro británico rechazó. 1973年に公開された機密文書によって英国首相が拒否したドゥーチェ（ムッソリーニ）を抹殺する計画が明らかになった.

28. 無冠詞

B. 動詞後の主語
無冠詞名詞句の主語が動詞に対し後置される場合は前置される場合より頻度が高いが，やはりその出現は限られている．

1）提示文 —— 出現，消滅，存在，持続などを表す提示動詞（verbo presentativo）と呼ばれる自動詞は後置主語をとることが多いが，その主語が不定の場合，無冠詞名詞句となることがある．それを構成するのは可算名詞複数形と不可算名詞単数形である．情報構造的に見ると，通常の文は主題について叙述するため「主語＋動詞」の語順を取るのに対して，この種の文では出来事の参与者を新たに焦点として登場させるため「動詞＋主語」の語順をとっている．

> Después llegaron *equipos de rescate.* その後，救助隊が到着した．
>
> Se abren amplios ventanales y entra *luz solar* por todas partes. 広い大窓が開かれると，至るところに陽光が降り注ぐ．
>
> En esos días ocurrieron *cosas importantes.* その頃，重要なことが起きた．
>
> Creo que existen *enormes posibilidades.* 私は大きな可能性が存在すると思う．

2）再帰受動文 ——「se ＋ 3 人称の他動詞」で構成される再帰受動文で主語が不定の名詞句の場合，後置されるのが普通である．そこに無冠詞で現れるのは可算名詞複数形および不可算名詞単数形である．

> En los puestos se venden *artesanías diversas.* 屋台ではさまざまな工芸品を売っている．
>
> En el parque deportivo se alquilan *bicicletas* por hora. スポーツ公園では自転車を時間決めでレンタルできる．
>
> Se oye *ruido de aire* que sale por algún agujero pequeño. どこかの小さい穴からもれ出てくる風の音が聞こえる．
>
> En todo su texto se percibe *auténtico entusiasmo y admiración* por la figura de su biografiado. 彼の文章全体から伝記で描いた人物に対する真の熱意と称賛が感じとれる．

C. 属詞
無冠詞名詞句が連結動詞 ser の属詞となる例はよく見られる．連結動詞が構成する文は同定文（oración identificadora）と特徴規定文（oración

— 153 —

IV. 限定詞

caracterizadora）に大別できる．無冠詞名詞句が現れるのは特徴規定文の場合である．この種類の文の属詞は職業・職務・身分・役割などを表す．これらの無冠詞名詞句は具体的な指示対象を指しているのではなく，属性や機能を表している．

Julio es *ingeniero agrónomo.* フリオは農業技術者だ．

Consuelo es *venezolana.* コンスエロはベネズエラ人女性だ．

属詞に修飾語が付く場合でも，それが身分や種類を表すときは無冠詞のままである．

Su esposa es *maestra de escuela primaria.* 彼の妻は小学校の先生だ．

Juan y Carlos son *hermanos gemelos idénticos.* フアンとカルロスは一卵性双生児の兄弟だ．

しかし，個別の指示対象を示すような場合は不定冠詞が必要となる．この場合，特徴規定文から同定文に転化したと言えるだろう．

Consuelo es *una joven venezolana.* コンスエロは若いベネズエラ人だ．

Mi madre es *una mujer dulce que ha pasado gran parte de su vida obedeciendo a mi padre.* 私の母は優しい女性で，人生の大半を父に従順に過ごしてきた．

同定文の場合は属詞に定冠詞または不定冠詞が付くのが原則である．

Bogotá es *la capital de Colombia.* ボゴタはコロンビアの首都である．

El hierro es *un elemento químico de número atómico 26 situado en el grupo 8 de la tabla periódica de los elementos.* 鉄は原子番号 26 の化学元素で，元素周期表の第 8 族に位置する．

典型的な属詞は名詞または形容詞であるが，「前置詞＋無冠詞名詞」の構成をとる前置詞句が連結動詞の属詞となることもある．ser の属詞が所属，出自，材料などを表す場合および estar が状態を表す場合などである．用いられる前置詞は de である．

Sus abuelos son *de origen alemán.* 彼の祖父母はドイツ出身だ．

Esos precipicios blancos son *de piedra caliza.* その白い崖は石灰岩でできている．

Ahora estoy *de servicio.* 今，私は勤務中だ．

Mi amigo está *de gerente* en una pequeña empresa. 私の友人は小さい企業の管理職をしている．

— 154 —

28. 無冠詞

D. 直接補語
直接補語が無冠詞名詞句となる例はよく見られる．無冠詞で現れるのは主
に可算名詞複数形と不可算名詞単数形である．しかし，前置詞 a の付く人の
直接補語が無冠詞となることはない．

Quiero salir a tomar *aire fresco*. 新鮮な空気を吸いに外に出たい．

Se recomienda llevar *ropa cómoda y zapatos deportivos* para entrenar en el
gimnasio. ジムでトレーニングするには快適な服装と運動靴を履くの
がお勧めです．

Solemos usar *guantes y bufandas* en invierno. 私たちは冬には手袋とマフ
ラーをする習慣だ．

El comité votará para elegir *presidente y vicepresidente*. 委員会は議長と
副議長を選挙するため投票を行う予定だ．

存在を表す動詞 haber および所有を表す tener の直接補語としても無冠詞
の可算名詞複数形または不可算名詞単数形がよく現れる．

Hay *ocasiones* en las que todo funciona perfectamente. 万事が完璧に行く
というときもある．

Ya no había *espacio donde pudieran vivir*. もう彼らが生きていけるよう
な場所はなかった．

No está casado y no tiene *hijos*. 彼は結婚していないので子どもはいない．

Toda persona tiene *derecho a que se respete su vida*. どんな人でも，その
生命が尊重される権利がある．

E. 動詞相当句
日常よく使用される動詞の中には無冠詞名詞を直接補語とし，全体として
述語の機能を果たす慣用表現を構成するものがある．このような動詞は意味
内容が比較的希薄で，名詞とともに動詞相当句 (locución verbal) を作る働き
をするもので，支持動詞 (verbo de apoyo) あるいは軽動詞 (verbo ligero) と
呼ばれる．主な支持動詞とそれが構成する動詞相当句の例を次に示す．

cobrar：cobrar ánimos（元気を取り戻す），cobrar fama（名声を手にす
る），cobrar odio（憎しみを抱く）

coger：coger manía（嫌う），coger hora（予約する），coger polvo（ほこり
が付く）

dar：dar aliento（元気づける），dar crédito（信用する），dar importancia

— 155 —

IV. 限定詞

（重視する），dar luz verde（青信号を出す），dar miedo（怖がらせる），
dar permiso（許可する），dar pena（残念なことだ），darse prisa（急ぐ），dar respiro（ほっとさせる），dar vueltas（ぐるぐる回す・回る）

echar：echar barriga（腹が出る），echar flores（花が咲く），echar raíces（根を張る）

hacer：hacer calor（暑い），hacer caso（気にかける），hacer comentarios（論評する），hacer daño（傷つける），hacer frente（直面する），hacer frío（寒い），hacer gala（見せびらかす），hacer mención（言及する），hacer sol（日が照っている），hacer tiempo（時間がかかる）

pedir：pedir disculpas（許しを請う），pedir limosna（施しを求める），pedir perdón（許しを請う）

poner：poner fin（終わりにする），poner freno（歯止めをかける），poner remedio（手を打つ）

sacar：sacar fotos（写真をとる），sacar provecho（利益を得る），sacar sangre（採血する）

tener：tener calor（暑い），tener cuidado（気をつける），tener dolor（痛い），tener fiebre（熱がある），tener frío（寒い），tener hambre（空腹だ），tener lástima（残念だ），tener miedo（怖い），tener paciencia（忍耐強い），tener sueño（眠い）

tomar：tomar asiento（席につく），tomar forma（形になる），tomar tierra（着陸する）

F. 直接補語の叙述補語

直接補語について叙述する叙述補語（complemento predicativo）にもよく無冠詞名詞句が現れる．目的補語とも呼ばれる．直接補語と叙述補語の間には主語と属詞に相当するような関係が成り立つ．

El patrono nombró a su hijo *jefe del departamento.* オーナーは自分の息子を部長に指名した．

La asamblea eligió *presidenta* a la Sra. Gutiérrez. 大会はグティエレス夫人を議長に選んだ．

Consideran los incidentes *ataques a la libertad de expresión.* それらの事件は表現の自由に対する攻撃だと考えられる．

属詞の場合と同じく，修飾語が付くなどして個別化の意味が強くなると不

— 156 —

28. 無冠詞

定冠詞が現れる.

Ahora lo consideramos *como una realidad pendiente.* 今や我々はそれが懸案となる現実だと考えている.

G. 前置詞句補語

動詞の中には一定の前置詞を伴う補語を取るものがある. 同様に, 名詞や形容詞も一定の前置詞を伴う補語を取ることがある. このような前置詞で導かれる補語を前置詞句補語 (complemento preposicional, complemento de régimen) と呼ぶ. 前置詞句補語は, それを伴うことが義務的な場合と随意的な場合がある.

動詞の中で前置詞句補語を要求するのは主に自動詞と再帰動詞であるが, 他動詞も直接補語のほかに前置詞句補語を取ることがある. どの前置詞を選ぶかは動詞によって決まっているが, ときには2つ以上の前置詞が選択可能な場合もある. 最もよく見られる前置詞は de であるが, a, con, en などが現れることもある. 前置詞句補語にはしばしば無冠詞名詞句が現れるが, その大部分は不可算名詞単数形か可算名詞複数形である.

El río abastece *de agua potable* a los habitantes de esta comarca. その川はこの地区の住民に飲料水を供給している.

Las mujeres deben gozar *de igualdad de derechos y obligaciones* con los hombres en el cuidado y la crianza de los hijos. 女性は子どもの世話と養育について男性と同等の権利と義務を持つべきである.

Me temo que usted se equivocó *de número.* 番号をお間違えだったのではないですか.

La atención está centrada en disponer *de barcos suficientes para trasladar refugiados.* 難民を輸送するために十分な船を用意することに注意が向けられている.

Hasta septiembre no podemos asistir *a clases.* 9月まで私たちは授業に出席できない.

H. 間接補語

間接補語に無冠詞名詞句が現れる例はまれである. 無冠詞名詞句が許容されるのは間接補語が文の焦点になるような場合である.

El curso está dirigido *a alumnos de segundo y tercero de Ciencias de la Información.* そのコースは情報科学部の2・3年生向けのものであ

— 157 —

IV. 限定詞

る.

Nunca hay que dar voz *a gente que en lugar de usar la palabra, usa la fnerza.* 言葉の代りに力を行使するような人々に決して発言権を与えてはならない.

I. 付加語

1) 場所の表現 —— 場所を表す付加語が前置詞句の場合，前置詞の被制語は定名詞句であるのが普通である. 無冠詞となるのは casa など限られた名詞の慣用的な用法である.

> Esta noche tengo que quedarme *en casa.* 今夜，私は家にいなければならない.
>
> Mi padre volverá *a casa* antes de las nueve. 父は9時までに家に戻ってくるだろう.
>
> Todos llegaron *a clase* a tiempo. 全員が時間どおり教室に来た.
>
> Mi hermana está enferma *en cama.* 妹は病気で寝込んでいる.
>
> Muchos disidentes se encuentran *en prisión.* 反体制派の多くは獄中にいる.

2) 時間の表現 —— 時間を表す前置詞句では前置詞の種類により慣用的に無冠詞名詞句をとるものがある.

前置詞 en に導かれる年，月および季節の表現では一般に無冠詞となる.

> *En 1950* comienza la Guerra de Corea. 1950 年，朝鮮戦争が始まる.
>
> En la Batalla de Stalingrado las tropas alemanas se rinden *en febrero* de 1943. スターリングラードの戦いでドイツ軍は 1943 年 2 月降伏する.
>
> El clima de esta área es templado con lluvias constantes *en verano* y calor moderado *en primavera.* この地域の気候は，夏には一定の雨が振り，春には適度の暖かさのある温暖なものだ.

前置詞 de で導かれる時間帯を示す表現も無冠詞となるのが普通である.

> Le enviaba un correo *de madrugada* y me respondía a los pocos minutos. 私が明け方に彼にメールを送ると，数分以内に返事をしてくれたものだった.
>
> Tienen que trabajar *de día* y *de noche* porque el sueldo es muy bajo. 彼

— 158 —

28. 無冠詞

らは給料がとても安いので昼も夜も働かなければならない.

3) 手段,方法,原因などを表す表現 —— 前置詞句の中に無冠詞名詞句が現れることが多い. 主に不可算名詞単数形か可算名詞複数形である. 可算名詞単数形の場合,個別の指示対象ではなく,種類を表している.

Se recomienda ir *en bicicleta* para disfrutar del paisaje. 景色を楽しむには自転車で行くのがお勧めです.

Los niños dibujan bien *con lápices*. 子どもたちは鉛筆で上手に絵を描く.

Todas las artesanías fueron hechas *a mano*. 工芸品はすべて手作りだった.

La familia desea irse *de vacaciones* a Portugal. その家族はポルトガルへ休暇に行きたいと思っている.

Las decisiones se tomarán *por consenso de los representantes*. 決定は代議員の合意でなされるだろう.

J. 名詞の修飾語

無冠詞名詞は前置詞に導かれて名詞の修飾語となり,全体として語連接を構成する. この場合,無冠詞名詞は物事の種類または類型を表しているだけで,個別の指示対象を指示しているわけではない. 名詞の前に付く前置詞で圧倒的に多いのは de であるが,その他の前置詞が用いられることもある.

《a+N》 depósito *a plazo fijo*（定期預金）, derecho *a voto*（投票権）, entrega *a domicilio*（宅配）, paso *a nivel*（踏切）

《con+N》 arroz *con leche*（ライスプディング）, café *con leche*（ミルクコーヒー）, silla *con respaldo*（背もたれ付き椅子）

《de+N》 accidente *de tráfico*（交通事故）, cama *de matrimonio*（ダブルベッド）, casa *de campo*（別荘）, coche *de bomberos*（消防車）, dolor *de cabeza*（頭痛）, equipo *de trabajo*（作業グループ）, escuela *de cocina*（料理学校）, grupo *de expertos*（専門家グループ）, mano *de obra*（労働力）, mesa *de negociaciones*（交渉の場）, profesor *de universidad*（大学教員）, sala *de espera*（待合室）, traje *de baño*（水着）

《en+N》 chocolate *en polvo*（粉末ココア）, especialista *en salud mental*（メンタルヘルス専門家）, impresor *en color*（カラープリンター）, voto *en blanco*（白票）

— 159 —

《por+N》intoxicación *por gas*（ガス中毒），responsabilidad *por productos*
（製造物責任），trabajo *por horas*（パートタイム勤務），voto *por correo*
（郵便投票）

《sin+N》agua *sin gas*（炭酸なしの水），apoyo *sin reservas*（無条件の支
持），cerveza *sin alcohol*（ノンアルコールビール），rumor *sin fundamento*
（根も葉もないうわさ）

《sobre+N》acuarela *sobre papel*（紙の水彩画），impuesto *sobre sociedades*
（法人税），mercado *sobre ruedas*（移動マーケット），patinaje *sobre hielo*
（アイススケート）

K. 呼びかけ

呼びかけには無冠詞名詞句が用いられる．

Gracias a usted por su llamada, *señora.* 奥さん，お電話ありがとうござい
ます．

Dime la verdad, *mamá.* 本当のことを教えてよ，ママ．

Hija mía, no te preocupes. 娘よ，心配しないで．

29. 指示詞

29.1. 直示

　指示詞は直示という言語機能と結びついている．直示 (deixis) とは，話し手を基軸として発話を発話場面に関係付ける機能を指す．言い換えると，直示は発話場面と関連付けることによって了解が成り立つような言語表現の特質である．直示は次のような種類に分けられる．

　1）人称的直示 (deixis personal) —— 発話に参加する話し手を中心として聞き手，それ以外の第三者が含まれる．スペイン語でこれに関係する文法範疇は人称代名詞，所有詞および動詞の変化語尾で表示される人称である．

　2）空間的直示 (deixis espacial) —— 話し手が発話を行う位置を基点とする空間的位置付けに関わるもので，場所的直示 (deixis locativa) とも言う．これと直接に関わるのは指示詞であるが，空間・場所を表す形容詞句，副詞句，前置詞句や運動の動詞（例えば，ir 行く / venir 来る , llevar 持って行く / traer 持って来る）でも表示される．

　3）時間的直示 (deixis temporal) —— 話し手が発話を行う現在の時点を基点として時間の前後関係を位置付ける．つまり，時間的位置づけに関わる．動詞の時制や時を表す副詞句，名詞句，前置詞句で表示される．

　4）談話的直示 (deixis textual) —— ある表現が談話内で別の発話または発話の一部に言及する場合を指す．指示詞が用いられる．

　5）社会的直示 (deixis social) —— 話し手，聞き手および話題となる者など談話の参与者間の社会関係や親疎関係に関わる．人称代名詞，敬語表現，呼びかけなどで表示される．

　以上の分類の中で指示詞は空間的直示，時間的直示および談話的直示に関わる語類である．

— 161 —

Ⅳ. 限定詞

29.2. 指示詞の体系と機能

29.2.1. 指示詞の体系

指示代名詞と指示形容詞を合わせて指示詞（demostrativo）と呼ぶ．指示詞は限定詞の１種である，スペイン語の指示詞は次に示すような体系を持つ．

代名詞・形容詞				代名詞
単数		複数		単数
男性	女性	男性	女性	中性
este	esta	estos	estas	esto
ese	esa	esos	esas	eso
aquel	aquella	aquellos	aquellas	aquello

男性形と女性形は代名詞としても形容詞としても用いられるが，中性形は形容詞になることはなく代名詞専用である．指示詞はすべて強勢語であるが，1990 年代までのアカデミア正書法では男性・女性の指示代名詞は指示形容詞の場合と区別してアクセント記号を付けることになっていた．1999年正書法の改正が行われ，曖昧さが生じる場合に限って付けることになった．しかし，2010 年の正書法改正でこのような留保付きの区別も廃止され，指示代名詞のアクセント記号は一切不要となった．この原則は変わっていないが，2023 年現在，若干の手直しがあり，誤解の恐れがあると思われる場合には代名詞にアクセント記号を付けてもよいとされている．

29.2.2. 指示詞の機能

指示詞の伝統的または規範的用法では，este, esta, esto の系列は話し手に近いものを指示し，ese, esa, eso の系列は聞き手に近いもの，aquel, aquella, aquello の系列は両者から遠いものを指示する．つまり，この体系は近，中，遠の３つの基軸に分けることができ，スペイン語にある３種類の場所の副詞 aquí（ここに），ahí（そこに），allí（あそこに）の体系に対応している．指示詞の主要な用法は次のとおり．

　1）空間的直示 —— 指示詞は発話場面に現れる人，物，場所などを指示する．

— 162 —

La mayoría de *estos* niños provienen de familias pobres. この子どもた
ちの大部分は貧しい家庭の出身である.

Esta es la única puerta de la habitación y *esa* ventana no abre. これは
部屋のたった一つの扉で，その窓は開かない.

La gente esclavizada extraía *esa* plata de *aquellas* minas. 奴隷化され
た人々はあの鉱山でその銀を採掘していた.

2）時間的直示 —— 指示詞は時間の指示を行う. 時間的直示を行う este
は現在を含む時期，ese, aquel は現在より前の時期を回顧的あるいは想
起的に表現するのに用いられる.

Esta mañana he paseado por la playa para ver el amanecer. 今朝，私は
日の出を見るために浜辺を散歩した.

Fue un verdadero placer pasar *esos* días entre gente tan cálida y tan
servicial. このような暖かく世話好きな人々の間であの日々を過ご
すことができたのは本当にうれしいことだった.

En *aquella* época discutían sobre si los esclavos tenían alma o no tenían
alma. あの時代には奴隷に魂があるかないかについて議論がなさ
れていた.

3）談話的直示 —— 指示詞は発話または発話の一部分を指示する.

Nos encontramos con *este* problema muy a menudo. 我々はこの問題
にとても頻繁に直面する.

Le agradezco mucho *esas* palabras tan amables. そのご親切なお言葉
に大変感謝しています.

Algunos expertos consideraron que dos años era un plazo aceptable,
pero otros no compartían *esa* idea. 専門家の中には2年というのは
容認できる期間だと考える人もいたが，その考えに同意しない人
もいた.

29.3. 指示形容詞の語形変化

指示形容詞は，それが修飾する名詞の性・数に呼応して語形変化を行う：
este libro（この本），esas máquinas（それらの機械），aquella casa（あの家）.
指示代名詞は指示対象となる人・物・事に割り当てられた性・数に応じてや

— 163 —

Ⅳ. 限定詞

はり語形変化をする.

> *Esta* es mi chaqueta これは私の上着だ.
>
> *Ese* es su hijo. それは彼の息子だ.
>
> *Aquella* es la casa en que habitó mi abuela. あれが私の祖母が住んでいた家だ.

　指示形容詞の後の名詞が省略されている場合も当然に指示詞はその指示対象の名詞の性・数に呼応しなければならない.

> *Este* (problema) es difícil de resolver. これ (問題) は解決するのが難しい.
>
> *Esos* (folletos) son gratis. それら (パンフレット) は無料だ.

　指示形容詞の女性単数形は esta, esa, aquella であるが, 強勢のある /a/ で始まる女性名詞の前で男性単数形の este, ese, aquel が用いられることがある：este agua (この水), ese hambre (その空腹), aquel aula (あのワシ). しかし, この語法は規範的に正しいものとは認められていない. この現象は同じ音韻的な環境で定冠詞 la および不定冠詞 una の代わりに el および un が用いられること (el agua, el hambre, un aula) から類推で生じたものである. こうした場合に冠詞の男性形が用いられるのは同音の連続を避けるためであるが, それを同じ環境で指示代名詞も女性形の代わりに男性形を使用すると誤解したために生じた誤りである. 一部の話し言葉ではこの現象が数量詞や形容詞にまで広がっていて, *mucho* hambre (とても空腹), *poco* agua (わずかな水), *todo* el área (全地域) のような語法も見られるが, 規範的にはまったくの誤りとされる.

29.4. 指示形容詞の位置

　指示形容詞 (男性形および女性形) は名詞の前に置くのが原則である. 他の形容詞が名詞の前にある場合は, その先頭に置かれる：*esta* cámara (このカメラ), *esta* nueva cámara (この新しいカメラ)

　指示形容詞は例外的に名詞の後に置かれることがある. この場合の指示形容詞は強調的な意味合いを持つ.

> Ya no soy la joven *aquella* que quería cambiar el mundo. もう私は世の中を変えたいと思っていたあの頃の若い娘ではない.

― 164 ―

¿No era la Antonia la chica *esa* que le contaba tantas historias? そんなにた
くさんあなたに話をしたその女の子ってアントニアだったんじゃない
の.

また，特に人を表す名詞の後に置かれて皮肉・軽蔑など否定的な意味合い
で用いられることがある.

El tipo *ese* no es mi amigo. あんな奴は友達じゃない.

このように指示形容詞が名詞に後続する場合，名詞の前には定冠詞が付く.

29.5. 指示形容詞と他の限定詞との共起制限

指示形容詞が名詞の前にある場合，他の限定詞を重ねて使用することには
制限がある.

1）指示形容詞と冠詞または所有形容詞前置形を両立させることはできな
い：*la esta cámara, *mi esta cámara
しかし，名詞の後に置かれる所有形容詞後置形と指示形容詞は両立で
きる：*esta* cámara mía（この私のカメラ）．やや古めかしい文語体では指示
形容詞と所有形容詞前置形が共存することがある：*estos* mis hermanos
（これら私の兄弟）

2）限定詞の中で数量詞についてはその種類により共存に制約がある．存
在の数量詞（cuantificador existencial）と呼ばれるもの，alguno, ninguno
は指示形容詞と両立できない：•aquellas algunas casas

3）数量詞のうち数詞は指示形容詞と両立できる．指示形容詞が先にな
る：*estos* dos libros（この2冊の本），*esas* tres semanas（その3週間）

4）その他の数量詞も原則として両立可能である．指示形容詞が先に置か
れる：*estos* pocos ejemplos（これら少数の例），*esas* otras cuestiones（そ
れらの他の問題）

5）数量詞 todo も両立可能であるが，指示形容詞の前に置かれる：*todos*
estos países（このすべての国々），*todas* esas personas（その人々全部）

29.6. 中性指示代名詞

中性の指示代名詞 esto, eso, aquello は形容詞として名詞を修飾することは

Ⅳ. 限定詞

なく，数変化もせず，常に単数である．中性指示代名詞の指示対象となるのは，通常は個別の人・物ではなく，無生の物・事である．次のような場合に用いられる．

1) 名前がわからない，または名前を言いたくない無生物を指示する．

No tengo ni idea de qué es esto. これが何だかまったくわからない．

Esto sería un envase de material plástico esterilizable. これは滅菌可能なプラスチック容器ということになるでしょう．

2) 個別の物ではなく，漠然とした物の集合あるいは状況を指示する．

Mira. *Eso* es tuyo, *esto* es mío. いいかい．そっちはあなたのもので，こっちは私のものだ．

Tal y como va mi vida, *esto* es un buen día. 我が人生の流れからすると，今はよい日だ．

3) 出来事や事態を指示する．

No he oído que *esto* se haya hecho antes. 以前にこんなことが起きたとは聞いたことがない．

Me he acordado siempre de *aquello.* 私はいつもあのことを思い出している．

4) すでに述べられたか，またはこれから述べる発話内容を指示する．前記1) ないし3) は発話場面に存在する事物を指示する場面的直示の用法であるのに対して，これは文脈上で言及される発話内容を指す文脈照応的直示の用法である．

Esto es lo que quiero decir. これが私の言いたいことだ．

Mi abuela está sana y salva y *eso* es lo más importante. 私の祖母が無事であること，それが一番大事なことだ．

Eso es importante para la sociedad. それは社会にとって重要である．

中性指示代名詞は名詞の修飾語となることはないが，関係節によって修飾されることがある．

Es cosa fácil confundir al deseo con *eso que se llama el amor.* 欲望と愛と呼ばれるものを混同するのはありがちなことだ．

Ponen de manifiesto todo *aquello que nos queda por hacer.* 彼らは，我々がまだやるべきことをすべて明らかにしている．

このような場合の eso que, aquello que は lo que に近い機能を果たし

— 166 —

ていると考えられる.

29.7. 3系列の指示詞の区別

　世界の言語の中にはエスキモー諸語のように非常に複雑な指示詞の体系を持つ言語もある. その中のユピック語は30種類の指示詞を区別すると言われる. しかし, アジアと欧州の主要な言語だけを見ると, 指示詞の体系はもっと単純で, 2ないし3項を区別するものが多い. 3項体系は日本語のように話し手に近いもの, 聞き手に近いもの, どちらからも遠いものの3系列を区別するのが代表的である. 一方, 2項体系は話し手に近いものと遠いものを区別するのが普通である. 英語はこのタイプである：*this* / *that*

　スペイン語の指示詞は3項体系であり, este は話し手に近いもの, つまり1人称に対応し, ese は聞き手に近いもの, 2人称に対応し, aquel は両者から遠いもの, 3人称に対応するというのが規範的な用法である. この体系は日本語の「こ, そ, あ」の3項体系とよく似ているが, 完全に一致するわけではなく, 実際の用法には相違点もある. もっとも相違があると思われるのは ese の領域で, 日本語の「それ, その」よりも指示する範囲が広いと考えられる. 話し手と聞き手がともに目前にしている事物, あるいは両者がともに最近経験したと判断される事物は ese の領域となる. 日本語ではむしろ「あの」の領域に該当する.

　　¡Siga a *ese* coche! あの車について行ってください.

　　Y *esa* torre que allí veis es la más alta. そして, あそこに見えるあの塔が
　　　一番高いんだ.

　　¿Quién dio *ese* grito? あの叫び声は誰なんだろう.

　ところで, 現代では伝統的な規範的体系に変化が生じていると言われる. 3項体系から話者の近くにあるものを指す este と遠くにあるものを指す aquel との2項対立の体系へ移行しているというのである (RAE, 2009: 17.2n 参照). 残る ese は直示的な遠近と関係なく, 場面または文脈上で話題になっているものを指すのに用いられるとされる. 前方照応の定冠詞に近い用法と言えるだろう. 場所の副詞もこの体系に対応して aquí と allí が場所の近・遠で対立し, ahí は空間直示的な遠・近とは無関係に用いられる. 一方, イスパノアメリカの一部, 特に南米ではこれとは異なる2項体系に移行してい

— 167 —

Ⅳ. 限定詞

ると言われる．este が話者の近くにあるものを指す点では同じであるが，これに対立し話者の遠くにあるものを指すのは ese である．両者に対応する場所の副詞は acá と allá で，ahí は場所の副詞としてあまり使われなくなっていると言う．この体系では，aquel はまれで，文語的な使用または回顧的用法に限られる．以上を図示すると次のとおりである．

	スペイン		イスパノアメリカの一部	
	指示代名詞・形容詞	場所の副詞	指示代名詞・形容詞	場所の副詞
近	este	aquí	este	acá
遠	aquel	allí	ese	allá

29.8. 指示詞と定冠詞の相違

指示詞は定限定詞の一種であり，この点では定冠詞も同じである．どちらも名詞句の指示対象を同定する機能を果たす．しかし，両者には次のような相違点がある．

1）指示詞はかならず直示的に用いられる．指示詞の直示機能はある談話の場面で言語外的な指示を行う場面的直示または目前直示（deixis ostensiva）と文脈内で指示対象に言及する文脈照応的の直示（deixis fórica）に分けることができる．前者には空間的直示と時間的直示が含まれる．後者は談話的直示に該当する．指示詞の場面的直示は一見すると定冠詞の指示用法のうち外界照応用法と類似している．しかし，指示詞は発話場面の中に現れた指示対象を直示的に指すのに対して定冠詞は発話場面にあるかどうかにかかわりなく話し手が聞き手にとって同定可能であると判断した指示対象を指すのに用いられる．

　　Me emociona *este* cielo azul y *este* paisaje increíble. この青空とこの信じられないような景色に私は感動している．

　　El sol estaba alto en *el* cielo azul de verano. 太陽は夏の青空に高く昇っていた．

2）指示詞の文脈照応的直示は定冠詞の文脈照応の用法も一見類似している．しかし，文脈照応的直示の指示詞は談話の中で他の発話または発話の一部を指すのに対して文脈照応の定冠詞は談話の中で先行する項目

— 168 —

（前方照応の場合）または後続する項目（後方照応の場合）と同一の指示
対象を示すのに用いられる.

> Se desconoce la causa. *Esto* es lo que puedo decir en este momento. 原
> 因はわからない．これが現時点で私が言えることだ.

> El lector es parte de esta historia y se le deja la posibilidad de concluir
> *el* cuento con su inteligencia e imaginación. 読者もこの物語の一部
> であり，その知性と想像力で物語を完成させることができる.

3）指示詞はその直示機能によって指示対象を確実に同定できる．定冠詞
の指示作用はそれほど確定的ではない．定冠詞の付く名詞句に制限的形
容詞が付加されると指示対象に対する同定は確実性を増す．指示詞の同
定は確定的なので，それに形容詞が付加されたとしても確実性に変わり
はない．付加された形容詞は制限的ではなく，説明的または同格的用法
と解釈される.

> *El* coche blanco es de Mateo. 白い車はマテオのものだ.

> *Ese* coche blanco es de Mateo. あの白い車はマテオのものだ.

> 後の例の場合，その意味は次の文に近いと考えられる：Ese coche,
que es blanco, es de Mateo.

4）定冠詞には連想的照応の用法があり，先行する文脈にある名詞句と同
一の指示対象でなくてもそれと関連するものを指すことが可能である.

> Su piso es pequeño y viejo, pero *el* cuarto de baño está reformado. 彼
> のマンションは小さくて古いが，バスルームは改装されている.

> これに対し指示詞は指示対象を直接指示するので，そのような用法は
ない.

5）定冠詞は共有知識による照応という用法があり，話し手と聞き手が共
有する知識により同定可能と判断される指示対象を指すことができる：
el sol（太陽），el gobierno（［我が国の］政府），la oficina（［私が働いてい
る］会社）．指示詞には，このような用法はない.

6）定冠詞には名詞の属する種類全体を指す総称的用法がある．指示詞に
は，この用法がない.

7）定冠詞の付いた定名詞句は特定的な読みと非特定的な読みが可能であ
る．次のような定名詞句は接続法の関係節で修飾されていて非特定的で
ある.

— 169 —

Ⅳ. 限定詞

　　　Los candidatos que no cumplan los criterios quedarán descalificados.
　　　基準を満たさないような候補者は失格となるだろう.
　　しかし，指示詞の指すものはかならず特定的で，非特定的な読みは不
可能である．ただし，aquel は例外で，非特定的な読みが可能である.
　　　Todos *aquellos* que quieran pueden vender algo sin pagar impuestos.
　　　希望する人は誰でも税金を払わずに何かを売ることができる.

＜参考９＞　ロマンス語の指示詞体系
　ロマンス諸語の祖語である古典ラテン語の指示詞は３項体系であった．以
下に主格単数形のみを示す.

	男性	女性	中性
この，これ	hic	haec	hoc
その，それ	iste	ista	istud
あの，あれ	ille	illa	illud

　スペイン語は体系を構成する語形が入れ替わり，用法に多少の相違がある
もののラテン語の３項体系を継承している．用法は異なるが，ラテン語の中
性に由来する形式を残している点でもスペイン語は保守的であると言える.
同じイベリア・ロマンス語に属するポルトガル語もスペイン語と似た３項体
系である．以下に単数形のみを示す.

	男性	女性	中性
この，これ	este	esta	isto
その，それ	esse	essa	isso
あの，あれ	aquele	aquela	aquilo

　イタリア語も規範的には questo, codesto, quel の３項体系であるが，現代
語では codesto の系列がほとんど使われなくなっており，実質的には questo
と quel の２項体系に移行している．スペイン語・ポルトガル語のような中
性形は存在しない．以下に単数形のみを示す.

29. 指示詞

	男性	女性
この，これ	questo	questa
あの，あれ	quel, quello	quella

ルーマニア語は2項体系であるが，性・数の他に格により語形変化する．以下に主格・対格単数形のみを示す．

	男性・中性	女性
この，これ	acesta	această
あの，あれ	acela	acea

ルーマニア語の指示形容詞は名詞の後におくのが原則である．また，中性形はスペイン語・ポルトガル語とは異なり，中性名詞を修飾するのに用いられる．

フランス語の指示詞はラテン語の体系からもっとも離れてしまい，遠・近の区別もない1項体系である．以下に指示形容詞と指示代名詞の単数形を示す．

	男性	女性	中性
指示形容詞	ce, cet	cette	—
指示代名詞	celui	celle	ce

あえて遠・近の区別を表現したい場合は，形容詞として *cet* arbre-*ci*（こちらの木）/ *cet* arbre-*là*（あちらの木），代名詞として *celui-ci*（これ）/ *celui-là*（あれ）のような複合形式が用いられる．

30. 所有詞

30.1. 所有詞の特徴と形式

　所有詞は所有や所属を表す限定詞であり，人称代名詞と同じく人称の文法
範疇を持ち，代名詞（指示代名詞）または形容詞（指示形容詞）として働く．
所有詞には前置形（forma prenominal）および後置形（forma posnominal）と呼
ばれる2種類の形式がある．前置形は形容詞であり，必ず名詞の前に置かれ
る．通常は無強勢語であるため無強勢形とも呼ばれる．一方，後置形は代名
詞または形容詞として用いられ，形容詞として用いる場合は必ず名詞の後に
置かれる．常に強勢語なので強勢形とも呼ばれる．前置形と後置形は所有者
の人称・数に対応して次のような形式を持つ．

前置形（形容詞）				
	単数所有者		複数所有者	
人称	単数	複数	単数	複数
1人称	mi	mis	nuestro / -a	nuestros /-as
2人称	tu	tus	vuestro / -a	vuestros / -as
3人称	su	sus	su	sus

後置形（代名詞・形容詞）				
	単数所有者		複数所有者	
人称	単数	複数	単数	複数
1人称	mío / -a	míos / -as	nuestro / -a	nuestros / -as
2人称	tuyo / -a	tuyos / -as	vuestro / -a	vuestros / -as
3人称	suyo / -a	suyos / -as	suyo / -a	suyos / -as

　上の表で示された人称とは所有者に対応するもので，被所有物（所有され
るもの）とは無関係である．前置形の場合を例に取ると，主格人称代名詞の
人称・数と次のように対応する（所有形容詞は単数形のみを示す）．

30. 所有詞

主格人称代名詞 （単数）	所有形容詞前置形 （単数所有者）	主格人称代名詞複数 （複数）	所有形容詞前置形 （複数所有者）
yo	mi	nosotros, nosotras	nuestro /-a
tú	tu	vosotros, vosotras	vuestro /-a
el, ella, usted	su	ellos, ellas, ustedes	su

1～2人称の複数所有者を表す nuestro, vuestro は，前置形と後置形が正書法上は同じで区別がない．

3人称の所有形容詞には所有者単数と複数の区別がなく，唯一の su しかない．このため，su は人称代名詞単数の él, ella, usted だけでなく複数の ellos, ellas, ustedes にも対応する．つまり，所有者について6つの解釈があり得る．その中のどれに対応するかは文脈・場面で判断することになる．曖昧さを避けるため，su hijo de usted（あなたの息子さん），su hijo de ella（彼女の息子）のように「de ＋ 人称代名詞前置詞格」の重複表現が用いられることがあるが，このような重複所有構造については後述する．一方，アメリカスペイン語では su はほとんどの場合 usted, ustedes に対応し，それ以外の3人称代名詞に対しては「de ＋ 人称代名詞前置詞格」の表現がよく用いられる．

He visto la foto *de ella* que has puesto en Internet. 私は君がインターネットにアップした彼女の写真を見た．

所有形容詞は通常の品質形容詞と同様にそれが修飾する名詞，つまり所有されるものの性・数に呼応して語尾変化する．ただし，単数所有者の前置形（mi, tu, su）は性の区別がないので，被修飾名詞の数だけに呼応する：*mi* mano（私の手），*mis* manos（私の両手），*nuestro* hermano（私たちの兄／弟），*nuestras* hermanas（私たちの姉妹たち）．*su* cámara（彼の・彼女の・あなたの・彼らの・彼女らの・あなた方のカメラ）

アメリカスペイン語では人称代名詞2人称複数形 vosotros, vosotras が使われないため，これに対応する vuestro も使わない．複数の対話者を指すには親疎の区別なく ustedes のみを用いるので，これに対応する所有詞は su, suyo となる．また，イスパノアメリカには人称代名詞 tú の代わり，またはそれと併用して vos を用いる vos 語法（voseo）の地域がある．この vos に対応する所有詞としては tu, tuyo が用いられる．

— 173 —

Ⅳ. 限定詞

30.2. 所有詞前置形の用法と統語的特徴

　前置形と後置形はどちらも所有形容詞として用いられるが，通常よく使用されるのは前置形である．前置形は所有形容詞としてのみ用いられ，代名詞になることはない．前置形は無強勢形とも呼ばれるように強勢を持たない後接語で，音韻的には後続する名詞と一体化して音群を構成する：mi casa [mikása]（我が家）．この点で定冠詞と音韻的な共通性があるが，機能的にも定冠詞と同じ定限定詞に属し，それが付いた名詞句に定性を付与することになる．

　所有詞前置形は次のような統語的特徴を持つ．

　　1 ）前置形は必ず名詞の前に置かれる：*mi* hija（我が娘），*su* carta（彼の手紙）．名詞の前に修飾語があれば，前置形はその前に置かれる，つまり，冠詞と同じく名詞句の先頭に現れる：*mi* mejor amigo（私の親友），*nuestra* común humanidad（我々共通の人間性）

　　2 ）同じ名詞句の中で冠詞と共存することはできない：*la *mi* casa, *mi una amiga. ただし，方言によっては例外的に冠詞と共存することがあり，スペイン北西部では定冠詞との共起（el *mi* perro 私の犬），イスパノアメリカでは不定冠詞との共起（una *su* ovejita 彼の 1 匹の子羊）が現れることもあるが，規範的には正しくない語法とされる．通常はこのような場合，後置形が用いられる：el perro *mío*, una ovejita *suya*

　　3 ）通常，前置形は指示形容詞と共存することはない．指示形容詞と共起させたい場合は後置形を用いる：esta casa *suya*（このあなたの家）．しかし，書き言葉や一部の方言では指示詞形容詞の後に前置形が出現することがある：esta *su* casa（このあなたの家），esta *mi* hija（この私の娘）

　　4 ）数量詞とは共存可能であるが，todo は前置形の前に置かれる：*todos* mis amigos（私のすべての友人）．その他の数量詞は前置形の後に置かれる：tus *muchos* libros（君のたくさんの本）

　　5 ）定冠詞はその後の名詞を省略して代名詞的に用いることが可能だが，前置形を代名詞的に用いることはできない：el ordenador de Juan y *el* de Ana（フアンのパソコンとアナのパソコン）/ *mi ordenador de casa y *mi* de oficina. このような場合は定冠詞が用いられる：mi ordenador de casa y *el* de oficina（私の自宅のパソコンと会社のパソコン）

—174—

所有詞の意味を強調する場合，形容詞 propio（自身の）が前置形とともに用いられることがある．

> La mujer lo ha criado casi como su *propio* hijo. その女性は彼をほとんど自分自身の息子のように育ててきた．

> Los eslovacos usaban el checo solo en forma escrita y nunca la consideraban su lengua *propia*. スロバキア人は書くときにチェコ語を使っただけで，それを自分たち固有の言語だとは考えていなかった．

30.3. 所有詞後置形の用法と統語的特徴

所有詞後置形は，強勢を持つ自立語であり，どの形式も性・数の区別があり，語尾変化する．後置形は次のような用法を持つ．

A. 後置形の用法

1）後置形は所有形容詞として名詞を修飾する．この場合，後置形は名詞の後に置かれ，その名詞と性・数に呼応する．後置形は前置形に比べると，強調的，対比的または感情的な意味合いを帯びる．一方で，前置形と異なり，定限定詞ではないので，それだけで名詞句に定性を付与することはなく，名詞が無冠詞であるか不定冠詞が付いていれば不定名詞句に，定冠詞・指示詞のような定限定詞があれば定名詞句になる．

> No es problema *tuyo*. それは君と関係ないことだ．

> Ahí les van unas fotos *mías*. 皆様に私の写真を何枚かお見せします．

> Creo que te caerá bien este amigo *mío*. 私のこの友人はきっと気に入ってもらえると思うよ．

2）後置形は所有形容詞として主語または直接補語に対して属詞または叙述補語となる．この場合，主語または直接補語となっている名詞の性・数に呼応する．強調的・対比的なニュアンスは特にない．

> Esta bicicleta no es *mía*. この自転車は私のだ．

> Cuando usted ordene, el descuento del 20% es *suyo*. ご注文くだされば，20％割引が受けられます．

> Consideran *suyo* todo el patrimonio. 彼らはすべての遺産が自分たちのものだと考えている．

— 175 —

Ⅳ. 限定詞

3)「限定詞＋後置形」の形式は所有代名詞として機能する．限定詞と後置形は，どちらもその先行詞となる名詞の性・数に呼応する．

> He reemplazado su foto por *una mía*. 私は彼の写真を私のと取り替えた．

> Su gusto y *el mío* son muy parecidos. あなたの好みと私の好みはとても似ている．

> Examina la lista de grupos hasta que encuentres *el tuyo*. 自分の入っているグループが見つかるまでグループの一覧表を探しなさい．

4) 中性定冠詞と共起し，所有または関係する物事を表す．

> A partir de ese momento supe que *lo mío* era ser artista. その瞬間から私の仕事は芸術家になることだとわかった．

> Pase lo que pase, seguirá haciendo *lo suyo*. 何が起きようとも，彼はやるべきことを続けるだろう．

> No apreciamos *lo nuestro* y compramos lo de los extranjeros. 我々は自分たちのものを評価せず，外国のものを買っている．

5) 後置形は前置形と異なり不定名詞句を構成できるので存在構文にも用いられる．

> No hay *cuadro suyo* que no tenga tintes literarios. 彼の絵で文学的な含みを持たないものはない．

6) 複数形に定冠詞が付くと家族・近親者など身近な人の集合を表すことがある．

> Defendemos nuestra vida y la vida de *los nuestros*. 私たちは自分の命と自分の子どもたちの命を守る．

> Aquí puede contar con todos aquellos servicios que usted y *los suyos* necesiten. ここではあなたとご家族が必要とするようなあらゆるサービスを受けることができます．

7) 後置形は呼びかけに用いられる．

> Lo has conseguido, *hijo mío*. よくやったな，息子よ．

ただし，前置形も呼びかけに用いられることがある．これについては後述する．

B. 後置形の統語的特徴

後置形は次のような統語的特徴を持つ．

—176—

30. 所有詞

1）名詞を修飾する場合はかならずその名詞の後に置かれる.

2）他の限定詞と共起可能である：una foto *suya*（１枚のあなたの写真），todos los datos *tuyos*（すべての君の資料）

3）数量詞とも共起可能である：algunos amigos *suyos*（何人かの彼の友達），muchos datos *tuyos*（たくさんの君の資料），ciertas fotos *mías*（いくつかの私の写真）

4）名詞の後に形容詞がある場合，後置形は通常，名詞句の末尾に現れる：un pésimo hábito *suyo*（彼の最悪の習慣），un devoto admirador *tuyo*（あなたに心酔したファン）.

5）程度を表す副詞と共起可能である.

　　Es siempre muy *suya*. 彼女はいつも自分中心だ.

　　Esta área tiene un carácter distintivo muy *suyo*. この地域には非常に独自の特徴がある.

30.4. 所有詞後置形と前置形の競合

以上見たとおり所有詞後置形と前置形は統語的特徴が異なり，使用される領域も相違するが，所有形容詞としてはどちらでも交代可能な場合もある.

1）呼びかけ表現で名詞と所有形容詞が結合する場合，名詞には後置形を用いるのが本来の用法であるが，前置形もよく用いられる．特にアメリカスペイン語では広く見られる：¡Amor *mío*! / ¡*Mi* amor!（いとしい人よ），¡Madre *mía*! / ¡*Mi* madre!（何てことだ），¡Vida *mía*! / ¡*Mi* vida!（ねえ，おまえ）

　　敬意表現の呼びかけとしては前置形が用いられる：*mi* capitán（大尉殿）/ *Su* Excelencia（閣下）．この場合，後置形が用いられるのは例外的で，手紙の頭語に用いられる定型表現などに限られる：Muy señor *mío*（拝啓）

2）副詞的慣用句の中には「de + 名詞」形式の補語を伴うものがあるが，この場合「de + 名詞」の代わりに所有形容詞のどちらの形式でも用いることが可能である：a *su* favor / a favor *suyo*（彼に味方して），a *sus* expensas / a expensas *suyas*（自費で），de *mi* parte / de parte *mía*（私としては），en *tu* contra / en contra *tuya*（君に反対して）．この種の慣用句では他に a favor

— 177 —

IV. 限定詞

de él のように「de + 人称代名詞」の形式も用いられる. しかし, これらの中で特に頻度が高いのは a *su* favor のように前置形を用いた表現である.

30.5. 場所の副詞と所有詞後置形

　場所・位置を表す副詞句は「de + 人称名詞」を伴うことがある：cerca de mí（私の近くに）, delante de ti（君の前に）, detrás de él（彼の後ろに）, encima de ella（彼女の上に）. この表現はスペイン語圏のどこでも見られる普通の用法である.

　ところで, この形式「de + 人称名詞」の代わりに後置所有詞男性形が用いられることがある：cerca *mío*, delante tuyo, detrás *suyo*, encima *suyo*. この語法は話し言葉ではかなり広がっていて, 書き言葉にも現れるが, 規範的には正しくないとされる. まれには一部の話し言葉で後置所有詞形女性形が用いられることもある：delante *tuya*, encima *suya*. この語法は俗語的で, 規範的には誤用とされる.

30.6. 所有詞と de 前置詞句

　3人称の所有形容詞 su, suyo は多義的なので所有者を明確化するため, それと併用してまたはその代わりに「de + 人称代名詞前置詞格」を用いることがある. 表現形式としては次の2種類となる. どちらの例も「彼女の夫」の意味である.

　1）「（冠詞 +）名詞 + de + 人称代名詞前置詞格」: el marido de ella
　2）「所有詞前置形 + 名詞 + de + 人称代名詞前置詞格」: su marido de ella
　　アメリカスペイン語では su の形式が usted, ustedes に対応する場合が圧倒的に多いので, それ以外の所有者については1）の形式がよく用いられる.

　　　Yo soy amigo *de él*. 私は彼の友人だ.

　　　Nosotros somos pasajeros, pero los que quedan son nuestros hijos y nietos y estamos trabajando por el futuro *de ellos*. 私たちはつかの間の乗客であって残るのは私たちの子や孫であり, 彼らの未来のために働いているのだ.

— 178 —

上記1）の形式は3人称に限られ，1～2人称に適用されることは通常はない．しかし，アメリカスペイン語では，この形式は3人称に限らず，特に1人称複数で用いられる．

El punto de vista *de nosotros* es que los partidos han tenido una gran capacidad de movilización. 我々の見解では各党に大きな動員力があったということだ．

スペインではカナリア諸島を除きこの形式は使われず，所有詞前置形を用いるのが普通である．

Desde *nuestro* punto de vista es un concepto obsoleto. 私たちの考えでは，それは時代遅れの概念だ．

ただし，人称代名詞が mismo（自身の）で修飾されている場合は，どの人称でも1）の形式が使用可能である．

No me gusta oír mi propia voz o ver fotos de *mí mismo*. 自分の声を聞いたり，写真を見たりするのは好きじゃない．

上記2）の形式は同じ名詞句の中で所有者が二重に示されるので重複所有構造（construcción de posesivo doblado）とも呼ばれる．この形式は規範的には所有詞前置形が余分であり，好ましくないとされる．スペインではまれであるが，日常的な言語では特に usted に対応する su の場合に用いられることがある：su esposa de usted（あなたの奥さん）．しかし，アメリカスペイン語ではより教養のある言語使用でも見られる．さらに，メキシコ・中米・アンデス地方では usted に限らず人が所有者である場合に限って広く重複表現が用いられ，特に親族関係を表すのによく用いられると言われる：su hermano de mi mamá（母の兄弟）/ su casa de él（彼の家）

また，2）形式の中には同じ人称の所有詞前置形と後置形を重複させる場合もある：mi marido mío（私の夫）．この形式はメキシコ・中米で見られるが，俗語的とされる．

30.7. 所有詞と定冠詞の交替

英語では所有格代名詞が現れるような構文にスペイン語では定冠詞が用いられる．

Me lavo *las* manos.（I wash *my* hands.）

― 179 ―

Ⅳ．限定詞

　このような所有用法の定冠詞と所有形容詞の間には次のような交替関係が見られる．

　1）自分の身体の一部など譲渡不能所有の物に対する行為を表す構文では，その名詞句に所有詞ではなく定冠詞を用いるのが普通である．上記の例はこの場合に該当する．この用法については定冠詞の項（§26.5.3）でもすでに取り上げた．

　　Después del almuerzo me duele *el* estómago. 昼食後，胃が痛い．

　　Se cubrió *la* cara con una toalla. 彼はタオルで顔を覆った．

　　Ella dio unos pasos hacia él y le tendió *la* mano. 彼女は彼に数歩近づき，手を差し伸べた．

　2）前記の場合でも，その名詞句が品質形容詞で修飾されるか強調されている場合は所有詞が好まれる．

　　La madre me miró fijamente con *sus* grandes ojos marrones. 母親は大きな茶色の目で私をじっと見つめた．

　　Done *su* propia sangre para poder utilizarla en un futuro. 将来，利用できるように献血してください．

　　Usted puede sentarse en la cama, o podría necesitar recostarse con *sus* pies elevados y *su* cabeza hacia abajo. ベッドに座ってもかまいませんし，足を高くし，頭を低くしてもたれかかる必要があるかもしれません．

　3）譲渡不能所有の物の場合であっても，「目を開ける・閉じる，手を挙げる・下ろす」などその身体部分に関する普通の自然な動作であれば定冠詞が用いられるが，そうでないときは，所有詞が用いられる（後の2例）．

　　Ella se concentró y cerró *los* ojos. 彼女は気持ちを集中させ，目を閉じた．

　　De ordinario, las votaciones se realizarán levantando *la* mano. 通常，表決は挙手で行われることになる．

　　Ella suspiró y miró *sus* manos sobre el regazo. 彼女はため息をつき，膝の上に置いた両手を眺めた．

　　No tatúe o perfore *sus* oídos u otras áreas del cuerpo. 耳や体のその他の部分に入れ墨したり，ピアスしたりしないでください．

－180－

30. 所有詞

4）譲渡不能とは言えなくても個人の支配する領域内にある物事に対する行為にはその名詞句に定冠詞を用いるのが普通である.

Vendimos *la* casa en la que habíamos vivido once años. 私たちは11年住んだ家を売った.

Me dejé *el* paraguas en el tren. 私は傘を電車に忘れた.

Pasé *las* vacaciones de verano en la costa. 私は海岸で夏休みを過ごした.

5）個人の運動機能や能力, 感覚を表す場合も, その名詞句に定冠詞を用いるのが普通である.

Tardó un momento en fijar *la* mirada, y entonces la vio. 彼は視線を定めるのに一瞬とまどったが, すぐ彼女の姿が見えた.

Perdió *el* ánimo y *el* valor, pero no se detuvo. 彼は元気も勇気をもなくしたが, 立ち止まることはなかった.

Tenemos que mantener viva *la* ilusión inicial para alcanzar la meta. 目標にたどり着くには我々は最初の夢を持ち続けることが必要だ.

6）所有の与格（dativo posesivo）または心情の与格（dativo simpatético）と呼ばれるような接語代名詞（下記の例で下線部）が現れる構文では直接補語などの名詞句に定冠詞が用いられる.

Ya te he devuelto *la* llave. 鍵はもう君に返したよ.

Me repararon *la* impresora muy rápido y ya puedo volver a imprimir los informes. プリンターの修理をとても早くやってもらったので, また報告書の印刷ができるようになった.

Si pierde o le roban *el* teléfono móvil, comuníquense con su compañía inmediatamente y suspenda el servicio. 携帯電話を紛失したり, 盗まれたりした場合は, 直ちにその事業者に連絡し, サービス停止にしてください.

参 考 文 献

イブラヒム，M.H.，1998，『文法上のジェンダー；起源と発達』，相模原：青山社.

上田博人，2011，『スペイン語文法ハンドブック』，東京：研究社.

コムリー，バーナード，1992，『言語普遍性と言語類型論』，松本克己・山本秀樹訳，
春日部：ひつじ書房，

高垣俊博（編），2015，『スペイン語学概論』，東京：くろしお出版.

寺﨑英樹，1998，『スペイン語文法の構造』，東京：大学書林.

―――，2017，『発音・文字』，スペイン語文法シリーズ1，東京：大学書林.

―――，2019，『語形変化・語形成』，スペイン語文法シリーズ2，東京：大学書林.

西川喬，2010，『わかるスペイン語文法』，東京：同学社.

福嶌教隆，フアン・ロメロ・ディアス，2021，『詳説スペイン語文法』，東京：白
水社.

松本克己，2007，『世界言語のなかの日本語』，東京：三省堂.

山田善郎他，1995，『中級スペイン語文法』，東京：白水社.

Alarcos Llorach, Emilio, 1994, *Gramática de la lengua española*, Madrid: Espasa Calpe.

Bajo Pérez, Elena, 2008, *El nombre propio en español*, Cuadernos de lengua española
[CLE] (102), Madrid: Arco/Libros.

Bosque, Ignacio (ed.), 1996, *El sustantivo sin determinación. La ausencia de determinante
en la lengua española*, Madrid: Visor Libros.

Bosque, Ignacio y Demonte, Violeta, 1999, *Gramática descriptiva de la lengua española*,
vol. 1-3, Madrid: Espasa Calpe.

Butt, John & Benjamin, Carmen, 1994, *A New Reference Grammar of Modern Spanish*,
2nd. ed., London: Edward Arnold.

Chesterman, Andrew, 1973, *On Definiteness; a Study with Special Reference to English
and Finnish*, Cambridge: Cambridge University Press.

Corbett, Greville, 1991, *Gender*, Cambridge: Cambridge University Press.

Escandell Vidal, M. Victoria, 1995, *Los complementos del nombre*, CLE (Y), Madrid:
Arco Libros.

Greenberg, Joseph, 1974, *Language Typology: a Historical and Analytic Overview*, The
Hague: Mouton.

参 考 文 献

Gutiérrez Ordóñez, Salvador, 1999, Estructuras comparativas, CLE [Q], Madrid: Arco Libros.

Hualde, José Ignacio et al., 2014, *The Handbook of Hispanic Linguistics*, Chicester: Wiley.

Leonetti, Manuel, 1999, *Los determinantes*, CLE [[F]], Madrid: Arco/Libros.

————, 2007, *Los cuantificadores*, CLE (100), Madrid: Arco/Libros.

Martínez de Sousa, José, 2001, *Diccionario de usos y dudas del español actual*, Barcelona: Spes Editorial.

Morimoto, Yuko, 2011, *El artículo en español*, Madrid: Castalia.

————, 2021, *Los artículos del español en contraste*, Madrid: Arco/Libros.

Pastor, Pilar, 2017, *La deixis locativa y el sistema de los demostrativos*, CLE (131), Madrid: Arco/Libros.

Real Academia Española [RAE], 1973, *Esbozo de una nueva gramática de la lengua española*, Madrid: Espasa-Calpe.

RAE y Asociación de Academias de la Lengua Española [ASALE], 2005, *Diccionario panhispanico de dudas*, Madrid: Santillana.

————, 2009, *Nueva gramática de la lengua española*, vol. 1-II.

————, 2010, *Nueva gramática de la lengua española, Manual*, Madrid: Espasa Libros.

————, 2019, *Glosario de términos gramaticales*, Salamanca: Ediciones Universidad Salamanca.

Sánchez López, Cristina, 2006, *El grado de adjetivos y adverbios*, CLE (92), Madrid: Arco/Libros.

Seco, Manuel, 2011, *Nuevo diccionario de dudas y dificultades de la lengua española*, Madrid: Espasa Libros.

用 語 索 引

い

異語根同類語	heterónimo	36

お

横断的語類	clase transversal	6

か

外界照応	exófora	120
可算名詞	nombre contable	47
可変語	palabra variable	6
慣用句	locución	13
慣用表現	modismo	20
関連形容詞	adjetivo relacional	77

き

記述形容詞	adjetivo descriptivo	83
機能語	palabra funcional	7

く

句	grupo sintáctico	4, 11
具体名詞	nombre concreto	54

け

形容詞句	grupo adjetival	11, 96
形容詞相当句	locución adjetival	102
限定詞的形容詞		
	adjetivo determinativo	85

こ

後方照応	catáfora	120
呼応	concordancia	23, 72
個体名詞	nombre individual	53
固有名	denominación propia	56, 124
固有名詞	nombre propio	44, 53, 56
語類	clase de palabras	5
語連接	complejo léxico	13

さ

最上級	grado superlativo	87, 92

し

支持動詞	verbo de apoyo	17
実質語	palabra léxica	7
集合名詞	nombre colectivo	53
上位語	hiperónimo	45
状態形容詞	adjetivo de estado	82
叙述補語		
	complemento predicativo	70, 75
自立語	palabra independiente	6

す

数	número	47
数量詞的形容詞		
	adjetivo cuanificativo	85

せ

性	género	23, 25, 27

—184—

用語索引

性共通名詞
nombre común en cuanto al género
23, 30, 33

制限形容詞　adjetivo restrictivo　80

性不定名詞
nombre ambiguo en cuanto al género
40

接語　clítico　7

接語句　grupo clítico　4

絶対最上級　superlativo absoluto　89

そ

属詞　atributo　70

ち

抽象名詞　nombre abstracto　54

直示　deíxis　161

直接照応　anáfora directa　119

て

定限定詞
determinante definido　9, 105

定性　definitud　107

テキスト内照応　endófora　118

と

同格　aposición　63

動詞名詞複合語
compuesto verbonominal　32

同等比較
comparación de igualdad　90, 93

特徴形容詞
adjetivo caracterizador　82

特定性　especificidad　108

に

二重物体名詞
nombre de objetos dobles　50

ひ

比較　gradación　87

比較級　grado comparativo　87

被支配語　término　11

非制限形容詞
adjetivo no restrictivo　80

品質形容詞　adjetivo calificativo　77

ふ

不可算名詞　nombre no contable　47

副詞的形容詞　adjetivo adverbial　83

複数常用名詞　pluralia tantum　49

付属語　palabra dependiente　6

普通名詞　nombre común　53

不定限定詞　determinante indefinido
9, 105

不変化語　palabra invariable　6

ほ

包括語法　lenguaje inclusivo　37

む

無冠詞名詞句
grupo nominal escueto　149

無生名詞　nombre inanimado　24, 55

— 185 —

用 語 索 引

め

名詞句　grupo nominal　　　11, 61

名詞修飾語　modificador nominal　70

ゆ

融合的比較級

　comparativo sincrético　　　88

有生名詞　nombre animado　23, 27, 55

優等比較

　comparación de superioridad　90, 92

り

両性通用名詞　nombre epiceno　　34

れ

劣等比較

　comparación de inferioridad　90, 93

連想照応　anáfora asociativa　　119

著者紹介

寺﨑 英樹 ［てらさき・ひでき］

東京外国語大学名誉教授（スペイン語学，ロマンス語学）

目録進呈　落丁本・乱丁本はお取替えいたします。

令和 6 年（2024 年）10 月 20 日　　Ⓒ 第 1 版発行

〈スペイン語文法シリーズ〉3
名詞・形容詞・限定詞

著　者	寺　﨑　英　樹
発行者	佐　藤　歩　武

発　行　所

株式会社　**大 学 書 林**

東京都文京区小石川 4 丁目 7 番 4 号
振替口座　　00120-8-43740
電話　(03)3812-6281〜3 番
郵便番号　112-0002

ISBN978-4-475-01629-2　　　　　　　開成印刷／牧製本

カバー写真：Ⓒ JOSE FUSTE RAGA/SEBUN PHOTO /amanaimages

大学書林
スペイン語参考書

著者	書名	判型	頁数
寺﨑英樹 著	スペイン語史	A5判	340頁
寺﨑英樹 著	スペイン語文法の構造	A5判	256頁
寺﨑英樹 著	スペイン語文法シリーズ① 発音・文字	A5判	200頁
寺﨑英樹 著	スペイン語文法シリーズ② 語形変化・語形成	A5判	176頁
笠井鎭夫 著	スペイン語四週間	B6判	420頁
笠井鎭夫 著	基礎スペイン語	B6判	248頁
宮本博司 著	初歩のスペイン語	A5判	280頁
宮本博司 著	超入門スペイン語	A5判	168頁
宮城 昇 著	スペイン文法入門	B6判	216頁
出口厚実 著	スペイン語学入門	A5判	198頁
中岡省治 著	中世スペイン語入門	A5判	232頁
三好準之助 編	簡約スペイン語辞典	新書判	890頁
宮本博司 編	スペイン語常用6000語	B小型	384頁
宮本博司 著	スペイン語分類単語集	新書判	320頁
笠井鎭夫 著	スペイン語手紙の書き方	B6判	210頁
瓜谷 望 アウロラ・ベルエタ 編	スペイン語会話練習帳	新書判	176頁
瓜谷良平 著	スペイン語動詞変化表	新書判	140頁
山崎信三 フェリペ・カルバホ 著	スペイン語ことわざ用法辞典	B6判	280頁
青島郁代 著	会話で覚えるスペイン語文法用例集	A5判	184頁
三好準之助 著	概説アメリカ・スペイン語	A5判	232頁

― 目録進呈 ―